U0115415

開天闢地——老子

（德）代　曦　編著

謹以此書　告慰慈父胡氣清先生在天之靈

序言

　　一九七二年是我一生中最重要的一年，似乎從那年起，我的人生才開始。那年正值大學畢業，好友多報考研究所，邀我同去報考。當時我只想先服完兵役，然後外出留學，就沒理會這事。直到報名截止的最後一天，英賢兄又來勸說，先報個名，到時不去考就是了，若現在不報名，屆時想考都沒機會了。聽後也覺得有道理，於是就報了名。後來預備軍官沒考上，考上了研究所，就這麼進了臺灣中國文化學院德文研究所。

　　所裡請了位德國客座教授史玉山女士（Carla Wiechert-Steenberg）給我們上德國現代文學。她想學中文，剛好三位研究生中只有我住校，就被選上。她是位熱愛中國文化的記者，知道我每天清晨都練太極拳，於是加入我們練拳的行列。就在那年除夕，經蕭師毅院長安排，她收我為義子。數年後正式建立母子關係，從此開始了我們的文化傳播之路。

　　一九七六年我來到德國海德堡大學就讀。由於自己喜歡唱歌，就在斯圖加特跟聲樂教授海爾姆特・立普斯（Helmut Lips）先生學習聲樂技巧。約六年後教授認為我可以登臺了，從此我開始在各地開演唱會，專唱中國民謠和中國藝術歌曲。當時遇到了一個困難，德國朋友聽不懂中文，因此我就和母親合作翻譯歌詞。由於母親文學修養好，出版社看中

了她譯的歌詞，特別為她出版了詩集《四君子》。幾年後又被一家唱片公司看中，該公司也出了張關於茶道、詩詞與中國歌曲的唱片。

中國人講究的是詩中有畫，畫中有詩。為此，我特別找了書畫家張恆先生，請他為詩集作畫。他不但沒要任何報酬，還把畫全部送給竹橋書苑當作紀念。為了答謝他的盛情，一九八四年特別為他在南德舉辦個人巡迴畫展。

和畫家同來的還有一位紅牌茶藝師，同時也是裱畫師，他就是家兄胡軒昂先生。我們兄弟二人共同在海外打拚，沒有他的犧牲奉獻，文化活動是無法拓展的。畫展時畫家揮毫，他當場表演托裱畫心。家兄平時開課教中國茶藝，他也是第一位把中國茶藝介紹到歐洲來的人，從此奠定了竹橋文化活動的根基，於是和家兄開始在各地舉辦畫展，展出期間舉辦各種文化活動，諸如演講、茶道、音樂會、太極拳、國畫等。為了更進一步提升文化活動的品質，母親和我共同寫書介紹太極拳、茶道、文人畫、詩詞等。

四十年來我和母親齊心合力宣揚中國文化，二〇一四年十二月中旬她離我而去。我獨自在她的祭臺旁靜思，自己今後該如何繼續此項有意義的工作，最後決定把那些尚未做完的工作繼續完成。曾經和母親翻譯過《道德經》，但遇到許多困難未能繼續。於是再度拿起《道德經》，不知是何緣故，以往覺得難懂的地方突然懂了。更奇妙的是十幾年來在屋裡養的二十多盆春蘭，每年均在春節前後開花，無一例外。二〇一四年耶誕節時，竟然有一盆蘭花長出花苞，比其他的蘭花早了近三個月，這不得不讓我感到震驚。經此奇異

事件，我決定翻譯《道德經》。

　　我所遇到的第一個問題是《道德經》歷經兩千多年，國內外不知有多少學者翻譯注解過，若我譯得和大家一樣，還不如不譯。可譯出新意又談何容易！因此決定避重就輕，先譯成德文再說。兩千多年前書寫工具尚不完善，因此寫作時惜墨如金，能省則省，如發電報一般，常會省略一些字，這些字在當時或許作者認為不重要，卻造成今日翻譯上的困惑，例如第六十三章的「是以聖人猶難之，故終無難矣」。再加上沒有標點符號，主語的省略等，這才發覺譯成德文比譯成現代漢語還困難。但也因為這個緣故，我發現了不少前人未發現的問題，例如第十五章的「夫唯不可識故強為之容，豫焉。若冬涉川猶兮，若畏四鄰儼兮」等。

　　這一發現更增進了我的信心，原來中文現代漢語本也有不少值得探討的地方，於是一改往日的想法，決定正本清源，暫時不再繼續翻譯德文，先把中文本讀懂，再重新注解，最後翻譯成德文。這時我遇到了第二個問題，《道德經》為什麼這麼難懂？幾經思慮才發覺，最大的原因就是不瞭解「德」字的含義，非常籠統地把許多模糊的觀念，全部當成「道」來解釋。當我把中文注釋第一遍時，還是不瞭解「德」字的含義。在注釋第二遍時，注釋到第二十一章「孔德之容」才恍然大悟：原來「道」與「德」同為一物，「道」存在於虛無縹緲間，道一進入器物內，就不再稱為道，而被叫作德。瞭解德的含義後就越翻譯越順，例如第一章中「無名天地之始」指的是道，「有名萬物之母」指的就是德。常無欲以觀「道」之妙，常有欲以觀「德」之徼。兩

者（道德）同出而異名，同謂之元。這些例子很多，請讀者多留意。「德」字才是瞭解本書的關鍵字，因此特別在序言中提出說明。

以往認為不懂老子就別去翻譯《道德經》。隨著年歲增長，發覺自己能力有限，想不翻譯錯都很困難。只能退而求其次，心想只要能找出一些前人所未翻譯出的理念，讓讀者能更進一步瞭解老子，我的願望就算達到了。翻譯不當的地方自有後人會出來指正。千年以來的眾多作者，都有一個共同的心願，就是想把真實的老子介紹給大家。

坊間翻譯版本多認為，《道德經》歷經兩千五百多年，抄寫時往往容易出錯，作者就根據不同版本去校正，選出認為較合理的解釋。這些更正之處，往往就是最難懂的地方，也是問題癥結之所在。例如第十五章「其若容」改為「其若客」，「蔽不新成」改為「蔽而新成」；第三十九章「致數輿無輿」改為「至譽無譽」等。筆者選擇了臺灣中華書局印行的《老子》（王弼注）作為模板。他的注釋也成了我的指明燈，給了我很大的啟示和幫助。為了尊重作者，未敢更動一字。雖然在翻譯時也遇到了困難，但寧可錯譯，也不去更改該版的文字。

老子和孔子都處於述而不作的時代，因此本書有些地方也採用對話問答形式（見第十三章）。《論語》主要是用問答體裁寫的，所不同者，《論語》把學生提的問題和孔子的回答一併列入書中，因此簡明易懂；而老子沒有學生在旁幫忙書寫，故未把提問者的問題列入，僅寫出老子給的答案，因此常有前後文似乎不連貫的現象。其實老子的邏輯性很強，

前後文常相互呼應，只是讀者沒發覺罷了。建議在遇到難理解的句子時，不妨分段提出假設性的問題，理出前後文的關係，或許就會懂了。

不同的斷句形成了不同的解釋。由於《道德經》原文並沒有斷句，因此每章開頭的原文部分筆者全未加入標點符號，但在釋義部分的原文中則採用了筆者自己的斷句方式，希望能增進瞭解。原文共計有八十一章，每一章都沒有標題。河上公為《道德經》八十一章都加了標題，其後也有不少注者加入不同的標題。或許《道德經》實在太難，若標題能增進讀者對本書的瞭解還是有價值的，故而加入了標題。尚祈海涵！

西方為了能讓群眾直接與神交流才有了馬丁‧路德翻譯的《聖經》，筆者也期待人人能讀《道德經》，因此將傳統翻譯的形式改為教學式的問答，由學生提問，筆者充當教師代答，希望能讓讀者更進一步地認識老子。鑒於國內有兒童讀經的良好風氣，師生問答也可以變為親子對話，讓《道德經》也能進入千家萬戶。

至於參考書，僅用了當年來德國時帶在身邊的王弼注本和余培林譯注的讀本，另外又參考黃元御寫的《道德懸解》[1]。對我幫助最大的工具書，就是當年眷村比鄰而居的陳自明先生臨別所贈的許慎《說文解字注》。它幫助我破解了「道法自然」的奧秘，從而理出老子的宇宙和生命起源

1　〔清〕黃元御，任啟松等：《周易懸象：道德懸解》（北京：中國中醫藥
　　出版社，2012年）。

論。由於本人教了三十多年的太極拳，對於《道德經》的瞭解，絕大部分是從中國武術的內家拳理中體悟出來的，而不是單靠圖書。文字往往可以照翻，但找出適當的實例來舉證實屬不易。

舉兩個從教拳中悟出的例子：大家都知道，鮭魚長大後要游回到牠們的出生地產卵，經常會碰到落差較大的溪流，牠們必須跳上去，牠們用的就是無為而無不為的方法。當水往下落時（無為）力量加大，一碰到硬石頭就會反彈上去（無不為），鮭魚在水中能分辨不同的水流，就是利用這種反彈的水流，躍上溪澗，繼續往上游。牛頓看見蘋果只會往下落卻不往上飛，經過鍥而不捨的鑽研，終於發現了萬有引力定律。同樣的問題老子卻從相反的角度來分析，創造出「無為無不為」的哲理。老子認為蘋果往下落就叫「無為」，當其下落時四周會產生各種不同的氣流，即「無不為」，所謂反者道之動，進而完成了《道德經》的玄學體系。

武術不但讓我進一步認識了《道德經》，也幫助我學習了聲樂，從而理出了一條中國武術與聲樂之路，即不以美聲或民俗唱法來分類，而從氣的本質出發，按氣的清濁，理出清氣與濁氣兩種唱法，誰能分辨氣之清濁，必能事半功倍唱出更好的歌聲。武術還可以應用於各種運動競技，幫助我們學習各種樂器等，效果奇佳。很多年輕人都希望能創新，但創新需要理論基礎，中國武術就是一片尚未開發的園地，這也是中國人特有的瑰寶，希望大家能好好地利用，把中國武術推向世界。於此鄭重推薦武學中的經典之作《孫祿堂武學錄》。武術的目的不是戰勝別人而是戰勝自己。有機會再和

大家共同探討中國武術如何與世界文化接軌的實用問題。

感謝中國工藝美術大師張廣慶先生，他曾兩次受我們竹橋書苑的邀請來德國，在瑪瑙花島、林登博物館、維也納等地舉辦個展。承蒙他為本書題字，令本書增色不少。感謝山東省考古研究院提供的「道法自然」圖片，胡軒昂和胡瑋琪兄妹提供的國畫，還有李素真老師鼎力相助，讓本書能在臺灣順利出版。

文化工作不能只講理論而缺實物，這方面幫助我最大的就是濟南叢國平先生。在茶道表演時獨缺高檔綠茶，他就請泰安泰山林科院提供他們與農民共同生產的特級「泰山羅漢茶」。德國茶友品嚐後都不敢相信，茶葉居然這麼神奇！當我想學八卦掌時，他帶我去拜訪《尹式八卦掌釋祕》的作者劉永椿老師，讓我受益良多。「道法自然」的珍貴圖片也是託他幫忙找到的。從他身上讓我深深體會到古意山東的情懷。

於此還要特別感謝老友杜英賢教授，是他當年勸我去考研究所，改變了我的一生。後來他進到哲學研究所，當我開始翻譯《道德經》時，他也給我不少鼓勵。等我翻譯完後，他又逐章逐字和我討論，並提出了不少寶貴意見。例如老子在書中用了兩個不同的字來代表「知」和「智」，經他這一提醒，埋藏在心底多年的問題迎刃而解，原來知和智的含義完全不同。

讀懂了《道德經》後才知這是一本中國人的「創世記」，中國哲學史的演變也盡在其中，禪宗的「不立文字」與王陽明的「格物致知」就是老子的「不言之教」；佛家主張的無分別意識，是《道德經》中的同出而異名；辯證法就

是「反者道之動」的再現；等等，都是很好的實例。老子在人性問題上和孔子不一樣，孔子重視知人，老子則重自知，故曰「知人者智，自知者明」。《道德經》的字數雖然不多，但其內涵之豐富，實非其他書可比。

　　《道德經》最深奧的部分就是老子的宇宙論和生命起源論，為此另寫專文總論探討。

　　好友有如一本好書，可以終身陪伴你，希望這本書也能成為大家的好友！

代曦

二〇二〇年二月二日　作於蘭軒

目次

引言

同學們，你們一定都希望能遇到神仙，更盼望神仙會送你們一本秘笈，教大家絕世武功吧。但不知道大家有沒有想過：神仙送的秘笈是用什麼文字寫的？是希臘文、拉丁文、阿拉伯文還是中文？你們能看得懂嗎？

中國神仙要送我們秘笈，當然是用中文啦！那還用說！

其實世界各地的神仙有著共同的文字。

怎麼可能？

不知大家有沒有聽說過，神仙送的書都有個共同的書名，叫作「無字天書」。既然是無字，那麼全世界的文字就都統一了！再問大家一個問題，天書是誰寫的？

當然是神仙寫的。

那這位神仙是中國人還是外國人？

從來都沒去想過這個問題！難道神仙也有不同的國籍？

神仙有沒有國籍之分，老師也不知道，只能讓大家去猜了。信則有，不信則無。西方人說世界是神創造的。我們中國人是怎麼說的，誰知道？

我們認為世界是由盤古開天闢地創造而成的。

這麼說來，東西方各有其不同的造物主，那就可以說，神也有不同的國籍。其實「無字天書」的作者既不是東方的神，也不是西方的神，它是大自然和人類共同完成的，就連

1

你我都有可能成為「無字天書」的作者。

啊？怎麼我們也有可能是作者？

每個人在出生時，大自然都會送給他一本「無字天書」，終身陪伴著他。「無字天書」其實就在我們的生活中，始終沒有離開過我們，誰都能隨時隨地與天書交談，至於能不能懂就看個人的悟性了。

老師您越說我們越糊塗了，既然是無字，怎麼會有人看得懂？又說它始終沒有離開過我們，和我們生活在一起，還要看各人的悟性……可不可以請老師給我們舉個實際的例子，這樣比較容易懂。

好！老師就舉一個非常有名的例子。有一天，牛頓在蘋果樹下乘涼時，見到蘋果從樹上掉了下來。他心中突然產生了一個疑問：為什麼蘋果不往上飛，卻只往下掉？這個問題真夠無聊了吧？經其鍥而不捨地鑽研，終於發現了萬有引力定律，被稱為「現代科學之父」。聽了這個例子你們應該懂得什麼叫無字天書了吧？

老師，我們還是不懂！

無字就是無言或無語的意思。天書上記載著上天想要告訴我們的秘密，由於上天不說話，因此要靠每個人自己去領悟。牛頓看到蘋果往下掉，那是生活中再普通不過的事，誰都有機會碰到，不需要特別去尋找，自家果園就有，一切不假外求。但是為什麼只有他能領悟上天的啟示而別人不會想到？現在你們懂得什麼是「無字天書」了吧？

噢！原來這就是「無字天書」啊！居然這麼簡單！

對！這就叫「無字天書」！它既是最簡單的，也是最困

難的。「無字天書」可分為上、下兩集，上集就是收集了無數古聖先賢思想的精華，寫成的一本有字有圖畫的「天書集解」，牛頓的萬有引力定律、老子的《道德經》和孔子及其弟子的《論語》等都記載在裡面。讀別人寫好的答案當然簡單。下集就特別難了！都是那些前人尚未解答或尚未發現過的問題，需要後人自己去發掘、自己提出解答，這可就難了，要靠每一代人繼續努力方能實現。事實上從我們來到這個世界開始，老天（大自然）給了我們每人一本「無字天書」，要每個人自己去發掘「天書」的問題、自己提出解決的方法。當我們離開這個世界時，只要看看自己的天書作業簿，發現了多少問題、解決了多少「天書」的難題，就知道自己的生命價值有多少。這也可算是天地給我們的「地球身份證」，在離世時，是要繳回去的。若你的答案被收入天書上集，你就能萬古流芳。

今後你們應當留意，「天書」就是大自然，是終身陪伴著大家的，每位都應該從個人的生活中去發掘問題、找出問題的答案，這就是生命的意義所在。你們這一代所能解答的天書難題，都會被記載在天書的上集中，這就叫作文化傳承。上集也可以說是一部人類文明史。

噢！原來是這樣！老師，這是不是您經常對我們說的「不要去模仿，要努力學習創新」？

對！就是這個意思。只有創新的東西才能記入你自己的「天書」中，你也就成了「天書」的作者之一。希望大家都能成為天書的作者，共享無盡的星空！

老師，我們常聽人說，「西方人喜歡創造發明，中國人

喜歡模仿」，這話說得對不對？

這句話說得不對，但也可以說對。西方人怎麼批評我們，並不是最重要的，因為他們不懂中國文化。最糟的是我們自己贊同了這些評語，當然就無法澄清誤解了。

老師，這是什麼意思？

其實中國文化有兩根擎天柱，那就是孔子和老子的哲學思想。老子在《道德經》第三十三章中所提出的兩種不同的「知」，就解釋了孔、老思想的不同：「知人者智，自知者明。」「知人」的「人」字可以當他人或人性來解釋。孔子的哲學思想主要就是在討論人與人之間的關係，也就是在探討人性的問題。懂得這類人際關係學問的人，老子稱他們為智者。而老子所追求的「知」和孔子的「知」有很大的不同。老子所要追求的是明，而不是智，故曰「自知者明」。何謂自知？自知有兩個意思，若從孔子人性觀點來看，自知就是自己要認清自己，就是大家常說的人要有自知之明的意思。而老子的自知是指先要自己能發現問題，自己來解決問題，這樣獲得的「知」才叫自知之明，「明」字可以解釋為亮點或發明，這就是「智」和「明」的不同之處。

原來孔子和老子思想不同的關鍵，就在認知上，孔子強調知人之智，老子重視自知之明。這和中國人愛模仿有什麼關係？

無論是追求智還是明，所用的方法都是模仿，前者是模仿聖人，後者是模仿天地自然。由於都是模仿，所以說中國人喜歡模仿也不為過。

那老師為什麼又說中國人強調創新？

模仿可以分成好多種，孔子主張模仿聖人，猶如繪畫中的仿古一樣，照著前人的範例，中規中矩地去做就行。老子則不贊成去模仿聖人，而是主張模仿大自然。人與大自然本為兩件不同的事物，無法完全比照應用，因此無法死板模仿，只能夠活用。故以自然為師首先是要能從自然中發現亮點，就是所謂的找靈感。僅就此點而言，就已經夠困難的了，然後還要求把這個發現應用到生活中，這更是難上加難。完全是一種從無到有的發明過程，這就是老子主張的創新。可惜很多國人不解老子的哲理，誤以為中國文化都是獨鍾模仿，孔、老皆不例外，都不重視創新，此乃對傳統文化的誤解之一。

老師，您不是在和我們講「無字天書」的道理嗎？這些和老子有什麼關係嗎？還從未聽老子講過「無字天書」的事。

《道德經》第二章是這樣說的：「聖人處無為之事，行不言之教。萬物作焉而不辭。」不知道你們是否能看出這句話和「無字天書」有何關係？

老師前面說過，「無字」就是無言或無語的意思，「天書」是不會說話的，那不言應該就是不會說話的意思。那就是說，不用言語來教導我們，對嗎？

答對了！不言之教就是「無字天書」的意思。大自然不會說話，因此用自然中的例子來和人類交流。瞭解到自然想要告訴我們的亮點，進而提出解決問題的方法，這就是不言之教，其效果不正和給人以「無字天書」完全一樣？老子的整個教育思想就是不言之教，如果古人當年就能遵此原則，建立起中國人的教育制度，那中國的科技早就騰飛了。事實

5

上西方的科技正是依照不言之教的方法來創新發明。幸好現代中國教育也在不知不覺中走向老子的不言之教，中國人的發明潛力也井噴式地爆發出來。

老師，這種不言之教的解說還真是第一次聽到，老子居然這麼厲害！即使從現代教育思潮來看，不言之教仍不失為最新的教育理論，可是我們的至聖先師不是孔子嗎？

對！這就是孔子的偉大之處。每當和外國朋友談到中華文明源遠流長，五千年來從未間斷過，外國朋友就說西方文化從希臘羅馬延續至今也從未間斷過，這有什麼不同？

對呀！這有什麼分別？

世界各大文明都離不開精神文明與物質文明，中西皆然，只是所占分量多寡不同而已。物質文明是以物質為主，最具代表性的就是科技，若說西方文明是以科技為主的文明實不為過，科技發展日新月異，新的發明出現，舊的發明就被淘汰。媒體網路就是最好的例子，它是隨著物質而改變，因此缺少連續性。精神文明則是以人為主，它是隨著人性的改變而改變，若人性從古至今沒變過，那它就不需要去改變，因此它有延續性。世界上把人性發揮得最透徹的哲學家就是孔子，中華文明能夠千古不變，孔子厥功至偉。

那老子呢？

孔子探討的重點是人與人的相處之道。老子的重點是研究人與自然的關係，尋找出自然之常理，作為人類行為的準則，只要自然的本質沒變，老子的學說就有其必要性和延續性。中華文明源遠流長，五千年來從未間斷，孔子與老子之功皆不可沒。孔子追求仁義，老子追求天人合一；孔子可謂

至聖先師，老子則為中國創新之祖、科技之父。西方到十七世紀才由笛卡兒提出「我思故我在」的理念，至今還被世人歌頌標榜，並作為獨立思考和創新的典範。殊不知，老子在兩千五百年前就提出了更前衛的理念「不言之教」，許多國人居然不知而去盲目崇洋，這才是最可悲的！現在你們應該也知道老子的偉大了。

老師，如此重要的理論，兩千五百多年前就有了，真是不可思議。那《道德經》中還有沒有什麼寶貴的哲理是我們至今還沒有發現的呢？

這個問題問得很好！《道德經》是老子在兩千五百年前寫的。那時科技不發達，交通不便，大家的生活都很簡單。能識字的人估計也不會多，再加上那時的書寫工具尚不發達，要想寫作更非易事。

老子和孔子都是處於述而不作的時代，因此他們書寫的體裁也都有些類似對話問答。所不同者，《論語》把學生提的問題和孔子的回答，一併列入書中，因此簡明易懂。而老子沒有學生在旁幫忙書寫，故未把提問者的問題列入，僅寫出老子給的答案，因此常有前後文似乎不能連貫的現象。再加上當時還未使用標點符號來斷句，全書更顯得撲朔迷離，特別難懂。雖然兩千多年來眾多學者努力不懈地研究，但是至今仍有許多千年難解之處。

能不能講幾個有代表性的例子給我們聽？

最有代表性的例子就是本書的書名：道德經。什麼是道？什麼是德？大家都專注於闡釋道字，把許多模糊的觀念，全部籠統地當成道來解釋。

老師，《道德經》的「道德」不就是我們平日所講的仁義道德嗎？

不是的！我們平日所講的道德和儒家思想中的仁義有關，指的是品德修養。而道家所講的道、德是指萬物生命的起源和其成長發展的歷程，老子所說「道生之德畜之」，意思就是說，道賦予萬物生命，是萬物從無生命狀態變到有生命的樞紐，也是一切生命的起源。德則是畜養孕育萬物的根基，簡單地說就是生活，道生我，德養活我，這和儒家的講法完全不同。

您這麼一說我們有些糊塗了。那我們一天到晚掛在嘴邊的德字，老子是怎麼解釋的？

說來慚愧，一開始老師也不知道老子所講的德是什麼意思。我本想把《道德經》翻譯成德文，介紹給德國朋友。中文和德文最大的不同，就是德文有很嚴謹的文法，而中文相對自由。中文常把主詞省略，而德文卻不行。嚴謹的文法強逼著我去思考，老子到底是在跟誰講話。這才發覺我連中文的《道德經》都還沒讀懂，怎麼能夠翻譯成德文。經多年鑽研，始知答案就藏在第一章。老子開宗明義就為我們闡釋了道、德和自然的關係。不懂第一章就無法讀懂《道德經》。

首先要和大家說明幾點，不同版本，受到古代政治上避諱的要求，往往會更改一些字，但意思卻沒改變。例如：清朝時人們為避康熙皇帝玄燁之諱，故將玄字改為元。但其含義則都有開始的意思。我用的版本是中華書局出版的王弼注《老子》，估計是清朝時發行的版本，因此把玄字全改為元字，請大家在讀的時候一定要留意。

為使《道德經》能夠大眾化，本書採用了師生對話的方式一問一答，以能增進大家對《道德經》的認識。為了讓大家能發揮自己的想像力，在每一章的開頭都保留了老子的原文，也沒有加入標點符號，目的是讓大家也試試，根據自己的理解，標出自己認為合適的標點符號；在每章的後半部分老師都會把自己的斷句方式和對原文的解析寫出，供大家比較、參考。下面我們就正式開始讀《道德經》。

第一章

道可道非常道名可名非常名
無名天地之始有名萬物之母
故常無欲以觀其妙常有欲以觀其徼
此兩者同出而異名同謂之元
元之又元眾妙之門

【問題討論】

有沒有什麼不懂的字？

老師，別的字都懂，就是不知道「徼」是什麼意思。

要想讀懂《道德經》，先要瞭解「無」和「有」這兩個字。「無」是沒有開始，也就沒有結尾。例如，無生就無死，就無法知道「無」的發展與變化。有生則有死，「有」的變化，從生到死大家都能明瞭。「徼」是邊或極致的意思，生的極致就是死。「觀其徼」就是觀看萬物歸根覆命、從生到死的生滅變化。還有不懂的地方嗎？

每個字都懂了，但就是不知道老子到底想要講什麼。

一般書上都是這麼注解的：

可以解說的道，就不是常道；可以講出來的名，就不是常名。「常」字一般都注解為永久不變的意思。雖然看了注解，仍然不懂：什麼是可道之道、可名之名？什麼是常道、常名？能不能請老師給我們解釋一下？

上面和大家提過，想要讀懂《道德經》，要先瞭解「無」和「有」這兩個字。讓我們先不去看第一章。老師先和大家共同討論另外一個問題：什麼叫作「空」？

空就是無，無就是空。

再問你們一個問題：所有的空是不是都一樣？有沒有什麼區別？

空就是無，既然是沒有，那就什麼都沒了，一切都是一樣的了。若有不一樣的空，就不能再叫空，而是變成無和有

了。老師不是說過，世界上文字固然很多，但是天書的文字卻只有一種，就叫無字，不也是無嗎？

（全班頓時鴉雀無聲，靜看老師的反應。）

你回答得很好！空是只有一個，到哪兒都是空，不可能換了個地方就不叫空了。老師再問你一個問題：這裡有個還沒有充氣的氣球，氣球的外面是空，裡面還不是空，可以說是裡外分明。當我把氣吹進氣球裡面，請問氣球外面的空和裡面的空一樣嗎？

雖然裡外都是空，但看起來原先是死死板板的，現在則是一個會蹦會跳的活氣球。外面的空是開放性的，裡面的空卻是封閉式的。前者的空是無形無象，後者的空是存在於形體內。到底這兩種空是否一樣，我們也弄不清楚了。從本質上來看，應該還都是一樣的空才對。

再提一個問題，看大家怎麼回答：地上有很多大小不同的洞穴，裡面當然是空的。平時寂然無聲，但當大風起時，不同大小的洞穴就發出不同的聲響，這又是什麼空？

剛剛講的空分裡外，分活潑與死板、有形與無形；現在講的是有聲與無聲、動與靜。

沒想到空能有那麼多的變化。老師還是請您來說吧，到底有幾種不同的空？

「空」其實只有一種，但是它的作用卻是因形體而異，無法限量。在球裡叫氣，在洞穴裡叫風，在動物或人體內叫呼吸，在天書中叫無字，等等。以上種種現象讓我們看到，只要「空」在形體外，就以無形無象的狀態與我們和光同塵地生活在一起。一旦「空」進到形體裡面，它就變成了生

命，讓那原本沒有生命的形體，例如氣球，變活了起來。這就是「空」的奧秘。老子體驗到「空」的妙處，因此他給裡外不完全相同的「空」取了兩個名字，便於陳述。他把形體外的「空」命名為「道」，把形體內的「空」命名為「德」。這就是《道德經》一書名稱的由來。現在懂了吧？

總算明白了道、德兩字原本的含義。

老子一開始就解釋道與德的不同之處，現在你們懂不懂「道可道非常道」的意思？

以前雖然也看過其他注解，怎麼讀都讀不懂，聽了老師講解後，總算懂了。原來老子起首就把道與德交代得如此明確。

老師，關於最後兩句，在一般書中都把重點放在「玄」字上，而您的注解和其他書中的注解完全不同，為什麼會有如此大的區別？

請先看「兩者同出而異名」這句，兩者指的就是形體外和內的「空」，也就是道與德，有與無，兩者來源相同，只是名字不同而已。兩者同為一體尚未分開之時，可以稱為元（玄），這裡為避康熙皇帝玄燁之諱，故將玄字改為元。不論元還是玄，兩者均為名詞而非形容詞。一讀到玄字，很容易聯想到神秘或是妙不可言。接著又出現了「玄之又玄眾妙之門」的句子，更把思想導入玄學的領域，玄字就順理成章地由名詞變為形容詞了。如此一來就不必去探討「同出」這兩個字的含義。

「同出」兩字就說明了，道與德之前還有一樣東西存在，道與德都是從它而來。到底道與德源自何處？老子在下

一句中給出了一個神秘的答案：「元之又元眾妙之門」或「玄之又玄眾妙之門」，「眾妙之門」就是道德之所出。那「眾妙之門」到底是什麼？這個問題也是千年難解之謎，留待我們日後繼續探討。

於此還有一點要特別聲明，《道德經》原文共計八十一章，每一章都沒有標題，不易讓人看懂，標題能增進大家對本書的瞭解，因此老師為每一章都加了標題。

第一章釋義　開宗明義

道可道非常道，

道可分為兩種，一種是具象之道（即德），一種是不具象的道（即常道）。前者是可以解說之道，卻不是常道；後者屬於玄學的範疇，才是永遠不變的常道。

名可名非常名。

名也分為兩種，具象之事物是可以命名的，例如每人都有自己的名字，是謂可名之名，卻不是常名；常名者德也，萬物之總名，是永遠不變的。

無名天地之始，

當其無形無象、無法命名之時，就正是天地之開始。（無名即道，故道為天地之始。）

有名萬物之母。

　　由無形無象演變到具象（由道變為德），從無到有，有則可以命名，就稱它為萬物之母。

故常無欲以觀其妙，

　　故常想在天地無名之時（即天地之始），來觀察「道」創始天地之奧妙。

常有欲以觀其徼。

　　常想在天地有名之時（即成為萬物之母后），來觀察「德」與天地萬物演變之極致。

此兩者同出而異名，同謂之元。

　　始與母（道與德）兩者同出於一源，僅名字不同，在兩者同為一體尚未分開之時，可名為元。

元之又元眾妙之門。

　　「元」之前更有「又元」，也無法命名，眾妙如天地之始，萬物之母都出於「又元」，故曰元之「又元」為眾妙之門。

【要點提示】

　　常有欲以觀其「徼」，有版本寫為「竅」，例如《說

6

文》：「竅，空也。空孔古今字。老子：常有欲以觀其竅。」這裡的竅指的也是德。（參閱第二十一章釋義）

空：竅也，今俗語所謂孔也。天地之閑（間）亦一孔耳。從第一章中就能看出老子宇宙論的概要：

眾妙之門 ——→ 元或玄（此時道與德尚未分）——→（既分則名為）道、德 ——→ 天地萬物。

第二章

【原文】

天下皆知美之為美斯惡已
皆知善之為善斯不善已
故有無相生難易相成
長短相較高下相傾音聲相和前後相隨
是以聖人處無為之事行不言之教
萬物作焉而不辭
生而不有為而不恃
功成而弗居夫唯弗居是以不去

【問題討論】

　　《道德經》在第一章就開宗明義為道、德釋名，並說明了道德與眾妙之門的關係。道與德既然是同出而異名，老子接著就闡明有無相生、音聲相和等，也都是同出而異名的道理。本章最重要的是老子提出了他的教育思想和教學方法，一言以蔽之：不言之教。「聖人處無為之事，行不言之教」，無為與不言之教就成為全書的中心思想。老師曾經用「無字天書」作為《道德經》的開場白，現在讓我們更進一步地來探討：何謂不言之教？

　　第二十三章中有「希言自然，故飄風不終朝，驟雨不終日」，即自然之言，寂而無聲，聽而不聞，此乃至言。至言無言，故以自然為例代言，此即不言之教。牛頓看到蘋果往下落，進而發現萬有引力定律。我想問同學們，如果你們看到蘋果往下落，會想到什麼和牛頓不同的不言之教？

　　（同學們都默而不語！）

　　如此看來想找出問題也不容易。牛頓是看到「有」的一面，老子則喜歡探索「無」的一面。當蘋果往下落時，四周看不見的氣流就會往上升，因此老子才說「反者道之動」，這才是《道德經》要探討的主題。

　　同樣是不言之教，但兩位偉人所見不同，都給出了驚世的答案。牛頓成為科學界的泰斗，老子成為哲學界的宗師。「人法地，地法天，天法道，道法自然」都是不言之教的典範。不言之教亦可詮釋為：教那些無法用語言文字來表達的

理念，儒家主張身教甚於言教亦屬之。不言之教約可分成三種：道家自然之教、不立文字（那些無法用語言文字來表達的理念）和儒家的身教。

讓我們先來談談第一種——自然之教。

自然不會說話，卻用大自然中的例子向我們暗示，以此來教導我們，也就是古人常說的「仰則觀象於天，俯則觀法於地。觀鳥獸之文與地之宜，近取諸身，遠取諸物」。依據天地之法則，尋找出物我之理，此即自然的不言之教。

同學們可不可以舉幾個你們知道的例子？

老師，畫家經常喜歡畫的梅蘭竹菊「四君子」，算不算是不言之教？

當然算！「四君子」教導我們學習梅花之清高，蘭花之人不知而不慍，竹子之謙虛有節能屈能伸，菊花花葉雖枯卻不敗、傲立風雪。有沒有誰知道菊花的菊是什麼意思？

不知道。

古人觀察四季的變化，自然花季始於春天，到秋天結束。菊花開於秋季，當菊花枯萎時，就是宣告大自然的花季謝幕之時。菊花的菊就帶有鞠躬的意思。菊花宣佈花季的結束，並向大家鞠躬致謝，來年再見。

好幾位同學都不約而同地說道：「原來菊花這麼知書達禮啊！我漸漸也開始喜歡菊花了。」

既然談到繪畫就再問大家一個問題，不言之教和繪畫有什麼關係？

這就不知道了。從沒聽說過不言之教和繪畫有什麼關係。

不言之教用於繪畫就是當今世界最先進的理論「留

白」。白就是無，無就是道，繪畫理論中最高的境界都和道有關，除了留白外還有「筆外之筆」、「意外之意」。（參閱圖例）。中國詩詞的最高境界也是在追求道之無，即所謂「言有盡而意無窮」。

這些高深的理論用在詩詞上我們能懂，但用在繪畫上就像《道德經》一樣難懂。老師能不能給我們舉幾個例子？

以留白賦予荷花生命。這幅作品是張大千先生一九六四年在德國辦畫展時，臨時在絹版上完成的。之後他畫風大變，往昔直接在宣紙上作畫，墨趣不易發揮，此後則先在宣紙上以墨略鉤線條，然後裱托一層（使之產生有如在絹版上作畫的效果），最後才開始潑墨，終於形成其特有之大潑墨風格。估計這幅畫起了關鍵性的影響。

現在談談第二種——不立文字。

很多人一定會將它和禪宗的教學方法聯想在一起。事實上禪宗此法就是老子講的不言之教，這方面莊子解釋得最為生動。《莊子》〈天道〉篇，桓公與輪扁的對話即是例子：

桓公在堂上看書，輪扁師父在堂下工作，他放下手中的工具，走上前去問桓公在看什麼書。

桓公：「讀聖人之言。」

輪扁：「聖人還活著嗎？」

桓公：「已死去。」

輪扁：「那您就是在讀古人所留下來的糟粕了。」

桓公：「寡人讀書，哪有車輪匠來議論的道理！說來聽聽，若有道理，就不怪你。若說不出道理，就將你處死。」

輪扁：「就以我製造輪子的經驗來說。斫輪慢了，就會因為鬆滑而不牢固；快了，就會因為滯澀而榫頭難入。必不緩不急，才能得心應手。我雖然心中有數知道該怎麼做，卻無法用言語來表達，因此無法把這種最好的技藝傳給我兒子，他想學也學不會。我雖已年屆七十，仍然要在工房斫輪。古時的人及其不可言傳的東西都已經消失了，那麼您所讀到的，就是古人的糟粕了！」

好精湛的一段對話！語言文字固然能傳達人類的思想，但並非全部，思想中最好的理念是無法用語言文字來表達的。因此，老子才主張不言之教，其目的是為了追求那最深邃又無法用語言文字表達的明（參閱第三十三章），而不是用語言文字能表達的糟粕。

「夫象以盡意，得意則象忘；言以詮理，入理則言息。」

也就是說，只有忘掉文字，才可以言道，此即禪宗以心傳心、不立文字的意思，也屬於道家的不言之教。

第三種──身教勝於言教。

儒家之身教也是不言之教的一種，注重模仿。模仿比自己好的人，如父母、師長或聖人。以人為師，故曰模仿。而老子的自然之教也重視模仿；但不是去模仿人或聖人，而是去模仿天地自然。所不同的是儒家主張模仿聖人，這是真正的模仿，而老子主張模仿天地自然，是從無中生有的一種創造，是創新而非模仿。

以上三種不言之教都可說是最高等的教育方法。科學教育崇尚自然之教，哲學教育追求「無字天書」所隱藏之精義，道德教育則重視身教勝於言教。此三者當並重之。

好了！就解釋到這裡。大家還有沒有問題？

沒問題了。這一章不像第一章那麼難懂。

好！那老師最後再問你們一個問題：

「是以聖人處無為之事，行不言之教」中的聖人指的是誰？有什麼特別的含義？

不是要我們常讀聖賢書嗎？儒家也常要我們效法聖人，這些不都是聖人嗎？

這個題目看似簡單，其實並不容易。全書有三十二次提到了聖人。老師原來也沒去多想，但為了要翻譯成德文，發覺不能直接翻譯聖人這個詞，因為西方的聖人大多和宗教有關，和中國的聖人並不一樣。為了解決這個問題，我就開始思考，這時才發覺問題並不簡單。因為老子為道家初始的代表人物，那時尚無適當的名稱可用，只好用了當時通行的

「聖人」二字，來代表他心目中的理想人士。儒家也講聖人，但儒、道兩家所講的聖人內涵絕對不同，就像德字一樣。建議大家先記住這個問題，隨時留意老子對聖人的描述，留待日後再討論。目前大家只要記住老子所說聖人的第一個特點：處無為之事，行不言之教。

第二章釋義　不言之教

天下皆知美之為美，斯惡已。

　　天下人都知道美之所以為美的定義時，惡也就隨之而生。

皆知善之為善，斯不善已。

　　天下人都接納善之所以為善的觀念時，不善也就隨之而起。

故有無相生，難易相成。

　　故有和無同為一體，有無就有有，有有就有無，兩者是無法分開的。同理難易也同為一體，兩者相輔相成。

長短相較，高下相傾，音聲相和，前後相隨。

　　有長就有短，兩者相較，才有長短之分。有高必有下，高下相合，相對始成傾斜。音聲相和而成樂。有前必有後，前後相伴相隨。

是以聖人處無為之事，行不言之教。

　　因此，聖人處事主張無為而治，以自然為不言之教的典範，引導人類走向創新之路。

萬物作焉而不辭。

　　不需靠人為之力助長，萬物自然會應時而生，春生夏長秋收冬藏，各依其序成長。

生而不有，為而不恃，

　　化生萬物，不據為己有；培育萬物，不恃為己功。

功成而弗居。夫唯弗居是以不去。

　　功成事就而不居其功。正因為不居其功，所以無法知道是誰做的，也就無法去否定此一功績。（所謂成事不必在我，功遂身退天之道。）

【要點提示】

　　不言之教與格物致知和天人合一的關係：
　　格物致知屬於不言之教的方法之一。格物就是要深究事物之理，就是法天地的意思，直到尋找出亮點就叫致知。
　　天人合一：就是不言之教的成果。從天地所獲得知，然後運用到人類生活中，這就是天人合一。

第三章

【原文】

不尚賢使民不爭
不貴難得之貨使民不為盜
不見可欲使民心不亂
是以聖人之治虛其心實其腹
弱其志強其骨
常使民無知無欲使夫智者不敢為也
為無為則無不治

【問題討論】

　　同學們，你們能不能看懂第三章？

　　開始幾句還能懂，但自「聖人之治」起就讀不懂了。

　　這章可以分為兩個部分：頭三句是老子提出的治國理念；從第四句開始，就是其具體的實踐方法。讓我們先來看什麼是聖人之治。老子認為，首先要能讓民眾做到虛其心實其腹。這句話聽起來怪怪的，顛倒過來看，你們就會懂了：虛其腹實其心。虛其腹則民眾的肚子空了，就會鬧饑荒，進而起義革命。實其心則欲望填胸，實滿則溢，民眾自然會走上歧途。所以老子才說，虛其心實其腹，心中的欲望少了，肚子也能吃得飽了，社會自然安定。

　　同理，若把弱其志強其骨倒過來寫，就成了弱其骨強其志，骨弱則體弱，體弱而有強志，不就成了只會說而不會做的人？腹與骨代表健康，心與志代表願望或事業志向。健康可以自己決定，不受他人的擺佈，事業則往往受制於人。如果要大家二選一，你們會選健康還是事業？

　　同學多答，當然是健康！沒有健康什麼都沒了！

　　這幾句懂了沒有？

　　現在懂了！可是老師，為什麼要民眾無知呢？我們也是民眾，每天還要來上學求知，難道這又有什麼不對？老子的聖人治國，真不容易理解！

　　這個問題問得好！老師有個看法，不知道你們會不會滿意。老子一開始就講到三個要點：不尚賢、不貴難得之貨、不見可欲。不尚賢、不貴難得之貨，都和知有關；不見可欲

則和無欲有關。因此老子此處的「常使民無知無欲」指的就是常使民不尚賢、不貴難得之貨、不見可欲的意思。

那老子為什麼又說「使夫智者不敢為也」？

若民眾都能做到「不尚賢」「不貴難得之貨」「不見可欲」，智者自然失去其作用，不再敢開口教導民眾。

那「為無為，則無不治」呢？

請看，天地無為，不是也把大地治理得有條不紊嗎？

第三章釋義　無知無欲

不尚賢，使民不爭。

不推舉賢能，就不需有賢愚之分，民眾爭端自消。

不貴難得之貨，使民不為盜。

不以難得的物品為貴重，民眾就不會覺得它稀奇而來盜取。

不見可欲，使民心不亂。

使民不見利欲，心自無爭而不亂。（利之所至，趨之若鶩。）

是以聖人之治，虛其心，實其腹，

因此聖人治國先治心，虛其心即使民不見可欲，使民得溫飽。

弱其志，強其骨。

　　弱其心志，常使民不尚賢，不貴難得之禍，強健其體魄。

常使民無知無欲，使夫智者不敢為也。

　　常使民眾能不尚賢，不貴難得之貨，不見其所欲，又回到無知、無欲的狀態。讓那些自以為聰明的智者，不敢有所作為。

為無為，則無不治。

　　行無為而治，則沒有不可以治理的天下。

【要點提示】

　　「常使民無知無欲」中的「無知」是不尚賢、不貴難得之貨的意思，而不是泛指一般的無知。這點很重要，以後還會多次用到。例如第十章中的「愛民治國能無知乎」，第六十五章「非以明民將以愚之」，這裡的無知和愚之都是不尚賢、不貴難得之貨的意思。

　　本章所提到的聖人，可以說和君王有關。

第四章

道沖而用之或不盈

淵兮似萬物之宗

挫其銳解其紛

和其光同其塵

湛兮似或存吾不知誰之子象帝之先

【問題討論】

若有同學能看懂這章，那真令人佩服，因為這章算是《道德經》中難解的章節之一。

既然老師都認為這麼難，那我們就洗耳恭聽吧！

好！今天老師就多講少問，這章真可以說是重中之重，你們一定要用心聽。本章的主旨是在講德字而非道字。講述了道是如何變為德的過程和道與德的不同之處。

先來討論最難的一句「道沖而用之，或不盈」。前人多把沖字當作盅來解，盅：器虛也。盅字造得很傳神，皿是器皿，中代表器皿之中，是一種靜態的描述，實中之虛也。而沖字是湧搖的意思，是動態。若把沖當作空虛來解，就可解釋為道本是空虛的，卻未能把沖的動態表達出來。若把盅和沖兩種意思合在一起解，就更易理解，可以解釋為道沖入器皿中的空虛之處。

對於「或不盈」，前人多把它注解為無窮盡的意思。全文只談到道，德字卻全未提及。當我們把德字加進去後，就呈現出完全不同的面貌。首先大家會問，道與德既然同出而異名，那它們到底有什麼不同之處？這就是整本《道德經》的中心思想，也是最難理解的部分。現在老師說說自己的心得，和大家分享。

道常處於盈滿的狀態，滿而溢則謂之沖，即天之道損有餘而補不足的意思。道要進入萬物體內時的動作亦謂之沖，也就是說，道始終不斷在化生萬物、創造萬物。沖即「沖氣以為和」。（參閱第四十二章）沖而用之，是指道所創造（沖）

出來的事物，即道進入器物內，變為德後，方能用之。

不盈者，道沖入器物變為德後，德就停留在器物內，再也不離開器物，直到生命結束為止。道能創造生命，但一變為德後，德就無法再創造其他新的生命，而專門主導畜養萬物，因此老子才說「道生之，德畜之」。（參閱第五十一章）

道始終處於盈滿狀態，德則始終處於不盈的狀態。不盈是一種生命的表現，具體而言就是呼吸。能呼吸方能做到滿而不盈，畜養萬物，生生不息。由此可以看出道與德的不同之處：

道居外，常處於盈滿狀態，主化生萬物，創造萬物，給予萬物新的生命，所以才說道是一切生命的總源頭。德則居內，常處於不盈滿狀態，只能畜養萬物，卻無法創造萬物。

基於以上的分析，老師就把第一句注解如下：道沖進萬物體內，變為德後，萬物就得到了生命，此時道的功用方得展現。德則必須處於不盈滿的狀態，方能畜養萬物，故曰或不盈。

這一部分你們懂了嗎？

懂了！就這麼簡短的一句話，竟然包含了如此豐富的內涵，真是不得不佩服老子！

現在讓我們來看第二個最難解釋的部分：

「挫其銳，解其紛」。一般多將此句注解為：它不露鋒芒，解除紛擾。我起初也就照譯，還沒有發現它的難處；但當我要譯成德文時，問題就一個接著一個地出現。首先要確定此句的主語和賓語，到底是誰挫誰的銳、誰解誰的紛？銳和紛是何意？前人未言及此一難題，僅一語帶過。但在德文

卻不行，不知主語、賓語就無法譯的情況，逼得老師非去找出答案不可。我也不敢說真正能解答此問題，只是提出自己的看法，集思廣益，互為參考。

　　道能創造萬物，當它變為德後，道並沒有把創造生命的權利交給德，故曰「挫其銳」。德進入器物後就不會再離開該器物，始終如一，永終其德。這就是《道德經》中所講的「知足之足長足矣」和「知足不辱」的意思。萬物各得其德，且能知足而不爭，紛爭自然得以消除，故曰「解其紛」。和光即天，同塵即地，從此德與萬物共同生活在天地之間。和光同塵也可以解釋為與天地同行。

　　那「象帝之先」是什麼意思？

　　這句也不容易理解。首先要知道「象」和「帝」的意思，才能破解。《易》曰：在天成象，在地成形。由此觀之，萬物生成大約可分為三個步驟：初始一定是無，例如道就是無，有無才會生有。有又可以分為兩個階段，先是無定形之氣體，謂之「象」，例如天，故曰天象。而後為有形之器物，謂之「形」，例如地，故曰地形。它們演變的順序是：道生天，天生地。也就是先由無生象，而後由象生形。

　　何謂「帝」？老子把帝與王分得非常清楚。天的統治者謂之「帝」，在天成象故曰象帝。「象帝之先」就是在天地尚未生成之前的意思。而動物如魚、蟲、鳥、獸和人等的統治者，老子稱之為「王」，故曰「道大、天大、地大、王亦大」。(參閱第二十五章)

　　瞭解「象帝之先」的意思後，就可以一起來看老師的注解了。

第四章釋義　不盈之德（一）

道沖而用之，或不盈。

　　道沖進萬物體內，變為德後，其功用方得展現。而德則必須處於不盈滿的狀態，方能畜養萬物，故曰「或不盈」。

淵兮似萬物之宗。

　　靜寂深遠似為萬物之宗，萬物皆淵源於此（道與德為萬物之宗）。

挫其銳，解其紛，

　　道能創造萬物，當它變為德後，道並沒有把創造其他生命的權利交給德，故曰「挫其銳」。德進入器物後就不會再離開該器物，始終如一，永終其德。這就是《道德經》中所講的「知足不辱」的意思。既能知足，紛爭自然得以消除，故曰「解其紛」。（由此可知，德既不能傷物，亦不與物爭，所以終其身都不會有紛爭。）

和其光，同其塵。

　　和光即天，同塵即地，從此德與形體就和光同塵，與萬物共同生活在天地之間。

湛兮似或存，吾不知誰之子，象帝之先。

　　道隱而不顯，似無而實存，我不知道它源自何處，唯知其在天地尚未生成之前，就已經存在了。

【要點提示】

「挫其銳，解其紛，和其光，同其塵。」若把此句應用到修身方面，那主語和賓語就可是同一人，勸人不露鋒芒，解除紛擾，和光而不汙其體，同塵而不失其真。這點以後在第五十六章時還會講到。

第五章

天地不仁以萬物為芻狗
聖人不仁以百姓為芻狗
天地之間其猶橐籥乎
虛而不屈動而愈出
多言數窮不如守中

【問題討論】

第五章並不難懂，主要是說天地的不仁，就是不分好壞，一視同仁，無分別意識的意思。

芻狗：祭祀時用草紮成的狗，用過就丟。

橐：冶鐵時所用的風箱。籥：笛子的總稱。兩者均為外實（陽負陰）、內空（陰抱陽）。沖氣入內則動而愈出。

第五章釋義　守中

天地不仁，以萬物為芻狗。

天地把萬物當作祭祀時用草紮成的狗一般，毫不重視，任其自然無作為、無造作，故曰「天地不仁」。

（不分好壞，一視同仁，故曰「不仁」。）

聖人不仁，以百姓為芻狗。

聖人把百姓當作祭祀時用草紮成的狗一般，毫不重視，任其自然無為無造，百姓自和而無爭，故曰「聖人不仁」。

天地之間其猶橐籥乎！

天地之間猶如一個大風箱和笛子。

虛而不屈，動而愈出。

內似空虛，實則滿盈，沖氣入內，立即湧動，推陳出新。

多言數窮，不如守中。

越多作為，越多教誨，越無用。還不如像風箱、笛子一樣，不言守中，虛而以待。

（道存在於天地之間，德存在於形體之中。守中即守空，其意為效法守於天地之間的道與守於形體之中的德的意思。）

【要點提示】

「天地之間其猶橐籥乎」與「天地之閑（間）亦一孔耳」同義。

「聖人不仁，以百姓為芻狗。」第三章則言「聖人之治，虛其心實其腹」。這兩處的聖人似乎都和統治者有關。難道聖人指的就是統治者？

第六章

谷神不死是謂元牝
元牝之門是謂天地根
綿綿若存用之不勤

【問題討論】

在討論這章前,先和大家來看一首許多人都會背的偈,就算你還沒讀過,只要看一遍,馬上就會背:見山是山,見山不是山,見山又是山。

知不知道是誰寫的?

知道,蘇東坡寫的。

看得懂嗎?

雖然看得懂,卻不知道他想要表達什麼。

蘇東坡很喜歡參禪,後來就寫了這首偈子。蘇東坡自己沒有給出注解,因此就沒有標準答案,一般都認為他這首偈子一定和佛家有關。現在讓我們一起來看第六章,看完後可能大家就會懂了。先解釋一個不常用的字,牝,《說文》:「牝,畜母也。」元牝就是雌性之本,天地之根,就是天地以雌之本性來畜養萬物的意思。

還有沒有不懂的地方?

老師,一般我們只聽過山神,卻沒聽過谷神。老子為什麼用谷而不用山字?

這是一個很好的問題。你們覺得山神和谷神有區別嗎?

我們經常把山谷合在一起用,谷也在山中,應當沒有太大的區別吧。

這正是一個非常值得思考的問題。山字大家都懂,但谷的意思古人和今人的想法就大不相同了。一般大家都知道兩座山方能成谷,一座山則不能成為谷。因此山可以無谷,而

谷卻不能無山，谷因山而成，山因谷而盈。這樣你們就能分辨山與谷的不同了。

噢！對了！既然山可以單獨存在，谷卻不行，那山神不是成了谷神的主宰？

問得好！那我們就得先瞭解古人是怎麼解釋谷字的。《說文》裡講「泉出通川為谷」。由此就能看出，谷字在古時不僅要有山，還要有水源通川才行。

古人心目中的谷，含義真是太豐富了，太富有詩意了。忽然覺得我們心中的谷，都變得枯燥乏味，毫無生命力了。

現在你們應當可以瞭解，為何老子不用山字而用谷字了吧。山只代表地，谷則同時代表天地和水源。無山不成谷，因此山神可以是一座山的神，只能代表地，而谷神必須是兩座山和一條水源，才能稱為谷。看似什麼都沒有的谷，居然能比山大。道、天、地、水就是生命的四大要素，谷完全具備，所以老子才用谷神來形容「元牝之門，是謂天地根」，而不用山神。從這一字之差就能看出，老子用字之謹慎。

現在可以看老師的注解了。

第六章釋義　雌為天地根

谷神不死，是謂元牝，

元牝者雌性之本、天地之根，就是說谷神以雌之本性來畜養萬物，故謂之元牝。

元牝之門，是謂天地根。

雌之本源，就是天地的根。（參閱第十章「天門開闔能無雌乎？」）

綿綿若存，用之不勤。

谷神以雌應萬物，有如大氣般綿綿不斷，似有若無，作用無限，愈用愈多。

這樣就懂了吧！現在讓我們來比較一下蘇東坡的偈子和本章的關係。請大家先說說你們的看法。

蘇東坡只講山卻不提谷，而老子只講谷而不提山，正好相反。

很好！誰能為我們解釋一下蘇東坡的禪偈？

讀起來容易，要想解釋就難了。還是請老師來吧。

好！老師就說說自己的看法。「見山是山」這句大家應當沒有問題，都能懂。「見山不是山」時，請問那是什麼？

難道是谷嗎？

對了！那「見山又是山」會是什麼？

那就不知道了。

老師想「見山又是山」應該是指山與谷合而為一。這也符合辯證法的規律。若東坡先生在世，不知他聽後會如何反應，希望這個解釋沒有違背他的意思。

【要點提示】

　　前面和大家談過孔子和老子對知的不同看法，孔子強調知人之智，老子重視自知之明。現在再跟大家談談孔子和老子對山谷的不同看法。

　　孔子講仁，並以山作為仁的模範，故曰「知者樂水，仁者樂山」。

　　老子講「空」所以偏好谷，卻不重視山。怎麼才能證明？很簡單，整本《道德經》從未提及一次山字，都用谷之虛來襯托出山之實，谷中有山，山中不一定有谷。因此我才敢提出「老子好谷」這個看法。山可代表地，谷則涵蓋了天、地、水，山谷之別即天地之別，這也說明了孔、老哲學第二個不同之處。當然孔、老都注重天與地，唯其所強調的重點不同，孔子主張敬天，老子主張法天。這個題目牽涉很廣，有機會再和大家詳談。

　　元牝是雌性之本，那什麼才是雌性之本？答案就在第七章：不自生。

第七章

天長地久天地所以能長且久者
以其不自生故能長生
是以聖人後其身而身先外其身而身存
非以其無私邪故能成其私

【問題討論】

「天地所以能長且久者，以其不自生，故能長生。」誰能夠解釋這句話？

那就是說天地自己不事生產，而是把別人的生產變為己用，所以才能長久存在。

你們覺得這樣的天地是好還是壞？

直覺上覺得天地永遠是好的，但這句話聽起來好像在責備天地，像個懶人似的。

那下一句「是以聖人後其身而身先，外其身而身存」是什麼意思？

網上大意是這樣的：聖人處處能謙讓後退，結果反而能得到愛戴；事事不計較，捨己從人，反而身受其益。

能懂嗎？

這些都是老師常常教導我們的，當然懂了。

人類如何做，你們都知道了。天地能做到長且久者的方法就是不自生，你們能舉個例子嗎？

那就不知道了。我們也沒去想那麼多，反正聽起來很順也很合理就是了。

對！你們說得都沒錯。本章就是講這些做人的道理，其實不自生的意思就是「後其身」和「外其身」。

這就讓人越聽越糊塗了！

讓我們先來看看老子寫書的方式，他喜歡先找出不言之教的所在，作為主題，然後提出其實踐的方法。就以本章為

例：老子觀看天地，發現天地能永存的奧秘，就在於天地不自生故能長生。如何才能把這個不言之教的奧秘運用到生活中？老子就說，人只要能「後其身」和「外其身」，就能像天地一樣，做到祂想要做的事。

那天地是如何做到「後其身」和「外其身」的呢？

首先要知道天地的特點，即天無不覆，地無不載。無不覆就代表天始終飄浮於至高之處，天之外無天，天之外無物，天始終覆蓋著萬物，這就是天無不覆的意思。具體而言，清氣上升而為天，濁氣下降而成地。凡比空氣輕的東西，都會往上升，但絕不會升到天之外。這就是「不自生……外其身而身存」的意思。凡是比空氣重的東西，都會往下掉，由此而形成了地。地的特點就是始終處於萬物之下，任萬物踐踏，越踏越堅固也越高。故曰「不自生……後其身而身先」。現在懂什麼是「不自生」了吧？

原來如此！

第七章釋義　天地之私──不自生

天長地久，天地所以能長且久者，

天長地久，天地之所以能長久者，

以其不自生，故能長生。

因為天地能包容萬物，不與物爭，隨物而生，故能長生。

是以聖人後其身而身先，

　　因此聖人法天地，不與人爭，善為人之後，反而能借人之力，走在他人的前面，越變越大。（此就地而言，即泰山不辭土壤故能成其大，河海不擇細流故能就其深。）

外其身而身存。

　　能做到無我，包容萬物，則身自存。（此就天而言，天主上、主外，故曰「外其身」；地主下、主後，故曰「後其身」。）

非以其無私邪，故能成其私。

　　並非聖人沒有私心，他們之所以不自私，是因為他們知道只有自私如此（即無私），才能達到他們私心想要達到的目的。

【要點提示】

　　這裡提到聖人的另外一個特點：要能做到不自生，也就是要能做到「後其身」、「外其身」才行。這就不一定是統治者了，也可能是位聖賢或哲人。

第八章

【原文】

上善若水水善利萬物而不爭
處眾人之所惡故幾於道
居善地心善淵與善仁
言善信正善治
事善能動善時
夫唯不爭故無尤

【問題討論】

　　上一章講的是天地的不言之教，這一章講的是水的不言之教。老子以水為主題開頭，接著就解說其緣由，並告訴我們，水有哪些地方值得我們去學習。

　　這真是一篇傳世佳作，用字平易近人，意境深遠，希望你們能好好把它背下來。水的內涵真是太豐富了，希望你們能找出屬於你們這一代的不言之教。

第八章釋義　水之道

上善若水，水善利萬物而不爭，

　　上善若水，水能滋養萬物，卻不與萬物爭利。

處眾人之所惡，故幾於道。

　　願意生活在眾人所厭棄的低窪之地，因此可以說，水的本質與道最為接近。

居善地，心善淵，

　　善者不爭，處於低下不爭之地。心善如淵，淵乃至低不爭之處，能包容萬物。

與善仁，言善信，

　　最好的交往和施與之道，就是一視同仁，不分彼此，如

水之公平無私。水至則濕，水多則患，水缺則旱，遇寒則成冰，遇熱化成汽，此水之信也。言當如水之信實。

正善治，

最好的治理之道有如水之清靜無為。為無為則無不治。

事善能，

善於辦事者，定能因事制宜，有如水，水能隨物賦形，是謂善能。無為而無不為即善能。

動善時，

最好的行動時機就是能配合天時，與時遷移，有如水在四季之變化。

夫唯不爭，故無尤。

由於不與物爭也不與天爭，所以沒有怨尤。

【要點提示】

這裡又可以比較孔子看東流之水所體會到的不言之教和老子的不言之教有何不同。子觀東流之水曰：「淺者流行，深者不測，似智。其赴百仞之谷不疑，似勇。……蒙不清以入，鮮潔以出，似善化。至量必平，似正……其萬折必東，似意。」是之謂見物見人，人與自然已合一。

孔子讚揚水的智、勇、善化、平正和堅強的意志。老子讚揚水的不爭、仁、信、善治、善能、善時。現在我們來比較一下兩者的差異。

大家都知道，孔子主張有為，所謂「盡人事以待天命」，勇敢、善化（指的是教育）、公正和意志力等都是有為的表現。而老子則主張無為「不爭」。最讓我感到訝異的是，孔子只提到了水之智和勇，卻沒有提到水之仁。這又是什麼緣故？

在第六章談到孔老哲學不同之處。孔子重山，因為山就是「後其身而身先」的仁者風範代表，故曰「知者樂水，仁者樂山」。既然水為智，山為仁，孔子就沒再把水列為仁的代表，以免重複。

孔子重山，老子重谷，但兩人都重視水。細思之，孔子之仁猶如泰山之不辭土壤，故能成其大，這是何等偉大的胸懷，忍之極致，山當然是仁的最理想代表。那孔子的「山之仁」和老子的「水之仁」有何不同？我的看法是山為堅實之仁，是被動接納萬物，種什麼就能長出什麼，更是無所不在，處處能承載萬物。水為柔弱之仁，萬物都需要它，但先決條件是那裡要有水才行，無水則枯竭。水是主動施與萬物，惜無法做到無所不在。更有甚者，古時常有水、旱災發生，造成百姓流離失所，奪走許多生命，或許這才是孔子以山不以水為仁的主要原因，也是孔、老哲學思想的不同之處。

第九章

【原文】

持而盈之不如其已
揣而梲之不可長保
金玉滿堂莫之能守
富貴而驕自遺其咎
功遂身退天之道

【問題討論】

　　這章你們讀得懂嗎？有沒有問題？

　　老師，「揣而梲之」是什麼意思？

　　揣就是捶打的意思。梲是木杖或是能放在袖中的小杖，又稱袖杖。袖杖似可用於防身。據此也可注解為：揣末令木杖或袖杖成尖。王弼注解為：「既揣末令尖，又梲之令利，勢必摧衄，故不可長保也。」就是說，既已捶打成尖，嫌不夠，還要磨得更鋒利，越磨越少，自然無法長保其身。

　　還有問題嗎？

　　沒了。

　　這章並不難懂，每一句都可以當作勵志名言來看。我們按照老子寫作的方式來分析就更清楚了，首先要找出本章的不言之教，你們能找出來嗎？

　　那一定就是頭兩句了。

　　再就是看老子是怎麼解答的。

　　就是那最後三句。

　　好！讓我們重新編排整理一下這段話：

不言之教　　　　　　　　　　實際運用

持而盈之不如其已（猶如）金玉滿堂莫之能守

揣而梲之不可長保（猶如）富貴而驕自遺其咎

總結：功遂身退天之道。

第九章釋義　天道忌滿

持而盈之，不如其已。

　　已經有了還想要更多，不如適可而止。

揣而梲之，不可長保。

　　既已捶打成尖還嫌不夠，還要磨得更鋒利，越磨越少，
自然無法長保其身。

金玉滿堂，莫之能守。

　　金玉滿堂，不知適可而止，還想要更多，勢必無法守住。

富貴而驕，自遺其咎。

　　富貴而驕，猶如捶打成尖還嫌不夠，還要磨利一般，那
是自取其禍。

功遂身退，天之道。

　　功成身退，天之道也。

第十章

載營魄抱一能無離乎
專氣致柔能嬰兒乎
滌除元覽能無疵乎
愛民治國能無知乎
天門開闔能無雌乎
明白四達能無為乎
生之畜之生而不有
為而不恃長而不宰
是謂元德

【問題討論】

通常老子都會先言明主題，然後給出具體的建議。唯本章老子連用了六個似疑問又像是期待性的句子。請問老子提出了哪些問題？

那一定就是能無離乎？能嬰兒乎？能無疵乎？能無知乎？能無雌乎？能無為乎？

沒錯！哪答案是什麼？

那就不知道了！

其實老子自己提出了問題，也試著給出了答案，或許他也不太能肯定，所以才用以問代答的方式寫出：「載營魄抱一能無離乎？專氣致柔能嬰兒乎？滌除元覽能無疵乎？

老師！我們還是不懂是什麼意思？

老子以人為例來解釋生命是如何產生，如何畜養的。頭三句描述人是如何從胎兒發育成形，到出生變為嬰兒的整個生命成長的初始過程。第四到六句談到如何畜養人民，接著老子才說「生之畜之」。讓我們先來看看，老子是怎麼說的：

「載營魄抱一」此處的營魄即為胎兒之體。抱一代表德已經進入胎兒之體變為「信」。（參閱第二十一章【要點提示】）「能無離乎」意指「信」是否能與胎兒營魄之體融為一體而不分開。

「專氣」指的是胎兒來到人間時的第一口呼吸，也就是從道把德沖進胎兒體內時，嬰兒發出長嘯的那一瞬間起，才由胎兒變為嬰兒，故曰：「專氣致柔能嬰兒乎」。

「滌除元覽能無疵乎」何謂元覽？王弼註解為：「元物之極也。言能滌除邪飾，至於極覽。能不以物介其明，疵之其神乎，終與元同也。」現代科技能拍攝胎兒在母體內的照片，得知胎兒的眼睛在母體內是能張開的，初期只能看到輪廓。老師的看法是，在胎兒發出長嘯之前的目光，是謂元覽。長嘯之後的目光就離開元覽。故曰「滌除元覽」。「能無疵乎」元覽本無任何瑕疵，長嘯之後仍能保持毫無瑕疵嗎？

　　一般胎兒是指尚未出生的嬰兒，一出生就叫嬰兒。老師卻以嬰兒長嘯之瞬間來區分，也挺有意思。

　　接下來就要談如何畜養百姓的問題。老子的看法是要能做到無知、無離雌和無為。「愛民治國能無知乎」，此處之無知即第三章所言，不尚賢，不貴難得之貨，並非泛指所有之知。「天門開闔能無雌乎」萬物所生之處謂之天門，即第六章所言元牝之門。萬物皆為天地所生，天主開地主闔，雌者慈也。天門是否能依照雌性無爭之慈的特點，只應而不倡，來行使開闔之道？開闔之道即天地之道。天能開放自己，包容萬物；地能閉闔自己承載萬物。兩者均秉持雌性之慈而為之，故曰：「天門開闔能無雌乎」。

　　「明白四達能無為乎」明者是指有自知之明能創新發明的人。自明四達者能否做到無為而無不為？老子的最高理想就是要法天地做到自然。無為而無不為也屬於自然的一種。用現代科技的術語無為而無不為就是「自動化」的意思。

　　以上是老師的看法，只能算是一種揣測，不一定正確。坊間有很多不同的版本，請多參考比較！

第十章釋義 元德（一）

載營魄抱一能無離乎？！

「載營魄抱一」此處的營魄即為胎兒之體。抱一代表德已經進入胎兒之體變為信。「能無離乎」意指信是否能與胎兒營魄之體融為一體而不分開嗎？！（參閱第二十一章【要點提示】）

專氣致柔能嬰兒乎？！

專氣指的是胎兒來到人間從道所獲得的第一口氣，也就是從道把德沖進胎兒體內時，嬰兒發出長嘯的那一瞬間起，才由胎兒變為嬰兒。剛出生的胎兒身體特別柔軟，發出長嘯後身體被道所沖入的專氣所撐起，就沒有胎兒那樣的柔軟了。「專氣致柔能嬰兒乎」可譯為：道沖入專氣到胎兒體內，能讓嬰兒身體仍保持柔軟而不硬嗎？！

滌除元覽能無疵乎？！

在嬰兒尚未長嘯之前，眼睛所見是謂元覽。長嘯後所見，就開始離開元覽，故曰「滌除元覽」。「能無疵乎」元覽本無任何瑕疵，長嘯張眼後仍能保持毫無瑕疵嗎？！

愛民治國能無知乎？

能否使民眾不尚賢，不貴難得之貨，來愛民治國？

天門開闔能無雌乎？

開闔之道即天地之道。天能開放自己包納萬物，地能閉闔自己承載萬物。兩者均秉持雌性之慈而為之，故曰「天門開闔能無雌乎」。

明白四達能無為乎？

至明四達，無迷無惑，能做到無為乎？

（又譯：明者是指有自知之明能創新發明的人。至明四達者能否做到無為而無不為？）

生之畜之，生而不有，

道是萬物生命之源，德是孕育萬物之基。道賦予萬物生命，卻不據為己有。

為而不恃，長而不宰，

德撫育萬物長成，卻不據為己功。任萬物成長而不去制約，萬物不知其主為誰。

是謂元德。

這就叫元德。（元德即道與德元始共有之德。見第一章，此兩者同出而異名，同謂之元。）

第十一章

三十輻共一轂當其無有車之用
埏埴以為器當其無有器之用
鑿戶牖以為室當其無有室之用
故有之以為利無之以為用

【問題討論】

這又是一篇充滿了道家情趣的文章，主題就是在談「無之用」。原本很普通的一些器物，一經老子描述突然就變活了。這一章老子講得非常直截了當，不需更多解釋，只要知道那些不常用的字的意思就行了。

轂：車輪的中心叫軸心，軸心四周被一個有窟窿的圓盤框著，謂之轂。從轂到車輪框之間有圓木相連，這些圓木就叫輻。

埏埴：製作陶器時，先要有捶打陶土的過程，稱為埏埴，然後才能製作成器物。

戶牖：門窗的意思。

第十一章釋義　無之用

三十輻共一轂，當其無，有車之用。

輪子有三十根輻，都連接在同一個轂上，由於轂中間有孔洞，所以才能為車所用。

埏埴以為器，當其無，有器之用。

用陶土製成器皿，由於器皿中間是空的，方成就了器皿的功用。

鑿戶牖以為室，當其無，有室之用。

　　鑿門窗做成房間，房間中空無的部分，才是房間實用的所在。

故有之以為利，無之以為用。

　　「有」是為了便利「無」的各種功用而存在。

【要點提示】

　　常人都只看到山和有，老子卻能看到谷和無，這也就是老子所講的「反者道之動」。

　　本章就是第二十八章「知其白，守其黑」的實例，白者即無，黑者為有，故有之以為利，無之以為用。

第十二章

五色令人目盲五音令人耳聾五味令人口爽
馳騁畋獵令人心發狂難得之貨令人行妨
是以聖人為腹不為目故去彼取此

中國人崇尚五，例如五行、五臟、五音、五嶽等，五字往往含有全部變化的意思。

爽是差錯的意思。

第十二章釋義　腹目之別

五色令人目盲，五音令人耳聾，

五光十色令人眼花繚亂，使人失去視覺的分辨能力，眾多的聲音反而會讓聽覺遲鈍。

五味令人口爽，

五味雜陳會令人味覺產生偏差。

馳騁畋獵，令人心發狂，

縱情於騎馬打獵，會觸發人的野性，令人心發狂。

難得之貨，令人行妨。

貴重的物品會影響人的行為（引人走向歧途）。

是以聖人為腹不為目，故去彼取此。

因此聖人願為養生飽腹，卻不願成為眼睛的奴隸，所以才選擇遠離誘眼的花花世界，轉而走向純樸的養生之路。

【要點提示】

有些學者會把「腹」當作內在，把「目」當作外在來解，也有其道理。王弼解說得最到位：「為腹者以物養己，為目者以物役己，故聖人不為目也。」

縱觀動物界的生態原則，所有動物都還活在「為腹」的道德世界中，只有人類例外。解決了溫飽問題後，人們開始追求五彩繽紛的花花世界，尤其是進入到多媒體時代後更是變本加厲。

本章中的「為腹不為目」，老百姓和隱士比較容易做到。

第十三章

寵辱若驚貴大患若身

何謂寵辱若驚

寵為下得之若驚失之若驚是謂寵辱若驚

何謂貴大患若身

吾所以有大患者為吾有身

及吾無身吾有何患

故貴以身為天下若可寄天下

愛以身為天下若可託天下

【問題討論】

　　這章似在與旁聽者對話。老子開始就說出主題「寵辱若驚，貴大患若身」。聽者不明其意，故問「何謂寵辱若驚」、「何謂貴大患若身」。接著老子提出了各種解釋。老子賓客們的問題一定也是大家的問題，因此老師直接作答，不再和大家討論。

　　本章的關鍵問題就是：何謂貴大患若身？照王弼的說法，大患者寵辱死生之事也。把生死看得過重，亦可謂生死若驚，喜得生有如得寵，懼入死有如受辱，故曰「貴大患若身」。王弼的注解自有其獨到之處，可以作為大家的參考。老師有另外一種看法，提出來和大家討論。

　　想要瞭解何謂貴大患若身，就必須先瞭解大患和身的含義。大患，一般都把它當作名詞來看，可以注解為大的禍患；但也可當作動詞來看，就是患得患失的意思。此處患字兩種意思都有。若文中僅言及大患而沒有貴字，此時的大患就可以說是王弼解說的生死禍患之事。但是本章加了一個貴字，意思就全變了。大患就可以說是老子心中最牽掛的事情，也是他一直努力想做卻無法做到的事情。據此觀之，老子的大患指的就是老子想要追求的理想，只恨無法做到，故曰「大患」。那老子的大患是什麼呢？秘密就藏在身字之中。

　　身者生也，可謂自己的生命，也可說是自生、自身或己身。自生之反就是「不自生」，這就讓我聯想到本章應該和第七章的一句話有關——「天地所以能長且久者，以其不自

生，故能長生。」如此一來就能破解老子心中大患是什麼，其實本章所說的大患就是「不自生」的意思。也就是說老子的大患是患自己不能法天地做到「不自生」，因此才說，我之所以會有大患，是因為我只能做到有身（自生），卻無法做到無身（不自生），故曰：「及吾無身，吾有何患？」因此老師把「貴大患若身」注解為：當以尊「不自生」若己身為貴。如此一來大患就由禍患變為內心的牽掛與期許，期許自己能做到「不自生」。知道這句話的含義，就可以看解釋了。

第十三章釋義 「不自生」之患

寵辱若驚，貴大患若身。

　　受到寵愛或屈辱都會讓人心驚，當以尊「不自生」若己身為貴。

何謂寵辱若驚？

　　寵辱若驚是什麼意思呢？

寵為下得之若驚，失之若驚，是謂寵辱若驚。

　　下屬得到或失去上位者的歡心時，內心常會有患得患失的驚嚇之感，這就叫寵辱若驚。

何謂貴大患若身？

　　什麼叫作當以尊「不自生」若己身為貴？

吾所以有大患者，為吾有身，

　　我之所以會有這種「不自生」的大患，都因為我只能做到「自生」。

及吾無身，吾有何患？

　　若我能做到「不自生」，我還有什麼憂患？

故貴以身為天下，若可寄天下。

　　懂得法天實踐「不自生」若己身為貴的道理，如此則可寄身於天下。（此即法天之「外其身而身存」。）

愛以身為天下，若可託天下。

　　懂得法地實踐「不自生」若己身為愛的道理，如此則可託身於天下。（此即法地之「後其身而身先」。）

【要點提示】

　　身者生也，可謂自己的生命，自身或自生。自生之反就是「不自生」。天地之身即天地之形象，其身源自「不自生」。

　　大患可以從身體和心理兩方面來看：若言身體之大患就和生死有關，可以參考王弼的注解。若言心理之大患則與自己心中所畏懼或最擔心的事有關。老子最擔心的事，就是不能法天地做到「不自生」，若能做到「不自生」就能把身心寄託於天地之間，逍遙物外，這就是本章的不言之教。

第十四章

視之不見名曰夷聽之不聞名曰希

搏之不得名曰微

此三者不可致詰故混而為一

其上不皦其下不昧

繩繩不可名復歸於無物

是謂無狀之狀無物之象是謂惚恍

迎之不見其首隨之不見其後

執古之道以禦今之有

能知古始是謂道紀

【問題討論】

　　本章可謂描述道之總綱。老子起首就言明道是看不見、聽不到，也抓不著的，但他還是試著去描述它。「其上不皦，其下不昧」，「上」是從形而上者之謂道的觀點來看，道並未有特顯之光亮。「下」是從形而下者之謂器的觀點來看，即道進入形體化為德後，道亦不顯愚昧。

　　「皦」是光明的意思。「昧」是昏昧的意思。視之不見謂之「不皦」，若說道是無，萬物卻從它而來，故曰「不昧」。

　　「繩繩」，無涯無際貌。

第十四章釋義　道紀

視之不見，名曰夷；聽之不聞，名曰希；

　　（道）無狀無象無聲無響，想看卻看不見，名之為夷；想聽卻聽不到，名之為希；

搏之不得，名曰微。

　　想抓卻抓不到，名之為微。

此三者不可致詰，故混而為一。

　　夷、希、微此三者渾然一體，想問也無從問起（問不出所以然）。

其上不皦，其下不昧。

道是看不見的，但萬物又均從它而出。若說它是存在的，卻又聽不到摸不著。從形而上者之謂道的觀點來看，道並未有特顯之光亮。從形而下者之謂器的觀點來看，道亦不顯愚昧。

繩繩不可名，復歸於無物。

道可謂無際無涯，玄之又玄，無法去形容，也無法命名，至終又歸屬於無物。

是謂無狀之狀，無物之象，是謂惚恍。

這就是沒有形狀的形狀，沒有形象的物體，這若存若亡，不可見又不可得的現象就叫惚恍。

迎之不見其首，隨之不見其後。

從前面迎上去，看不見它的頭部；尾隨之，也看不見它的後面是什麼。

執古之道，以御今之有。

秉持此亘古無形、無名之道，以駕馭現今有形、有名之物。

能知古始是謂道紀。

能知道萬物初始的規律是如何形成和運行的，這就是道的綱紀。

第十五章

【原文】

古之善為士者微妙元通深不可識
夫唯不可識故強為之容豫焉
若冬涉川猶兮若畏四鄰儼兮
其若容渙兮若冰之將釋
敦兮其若樸曠兮其若谷混兮其若濁
孰能濁以靜之徐清
孰能安以久動之徐生
保此道者不欲盈
夫唯不盈故能蔽不新成

【問題討論】

　　《道德經》原文沒有標點符號，造成後世諸多釋義。當翻譯不通時，有的就改字以自圓其說，完全扭曲了老子的原意。往往這些改字的地方，就是千年難解之謎之所在。把本章中的「其若容」改為「其若客」就是其中最典型的例子。

　　兩千多年來學術界對第十五章都如此斷句：

　　古之善為士者，微妙玄通，深不可識。

　　夫唯不可識，故強為之容：

　　豫焉若冬涉川；猶兮若畏四鄰；

　　儼兮其若容（客）；渙兮若冰之將釋；

　　敦兮其若樸；曠兮其若谷；混兮其若濁……

　　你們能懂嗎？

　　是不大能懂。

　　那把「其若容」改為「其若客」是不是就能懂了？

　　感覺上就通順多了。

　　有沒什麼不合理的地方？

　　看不出來了。

　　你們會不會覺得奇怪：為什麼微妙玄通深不可識之士，遇事還會猶豫不決，怕這怕那，根本不像個得道之人。孔子不是說「七十而從心所欲不逾矩」嘛，道家之士應當更灑脫才是。

　　對呀！我們都沒留意到。

　　每當我讀到此，都會自問，「儼兮其若容」在這裡是什麼意思？為什麼「容」字會被許多學者改為「客」字？這些問

題都困擾著我，尤其是在翻成德文時，更是無法自圓其說。幾經摸索，終於發現其中的奧秘，原來是斷句出了問題。

現按老子原文不改一字，重新斷句，看看會不會有新的發現。

古之善為士者，微妙玄通，深不可識。

夫唯不可識，故強為之容豫焉。（指作者自己內心猶豫不安的心態，作者特別用了「焉」字來轉換語氣。接下來才開始描寫善為士者之容貌，此時才連用了幾個「兮」字。）

若冬涉川猶兮。若畏四鄰儼兮。

其若容：（現在才開始描寫士者之容）

渙兮若冰之將釋；敦兮其若樸；

曠兮其若谷；混兮其若濁……

哎呀！這真是太妙了！怎麼會兩千多年來都沒被發現，太不可思議了！

破解了這個難題後，我信心大增，於是開始重新注釋《道德經》，先後發現了許多千年難解之謎，這些都是為什麼《道德經》不容易讀懂的原因。經多年努力，雖未能完全破解全書之謎，但至少理出了道家思想的精髓，還老子以本來面目。

第十五章釋義　不盈之德（二）

古之善為士者，微妙元通，深不可識。

古時有道之士知微識妙，玄通天地，深不可識。

夫唯不可識，故強為之容豫焉。

由於其深不可識，自然無法形容他的神態，若強而為之，內心有些猶豫。

若冬涉川猶兮，若畏四鄰儼兮。

有如冬天過河，猶疑不決，又怕四鄰指指點點，不敢輕易描述。

其若容：渙兮若冰之將釋，

若真要形容他的神態：有如春回大地，冰雪初融，

敦兮其若樸，曠兮其若谷，混兮其若濁。

敦厚質樸猶如未經打磨過的璞玉（內守精神，外無文采），心胸寬廣如谷，和眾人生活在一起，表面看起來渾渾噩噩愚昧，內則昭昭若明（和光同塵）。

孰能濁以靜之徐清。

誰能把濁物靜置不動，它就會逐漸變得清澈。

孰能安以久動之徐生。

誰能在事物經過長期穩定孕育後，任其慢慢地搏動，生命就會逐漸活起來。

保此道者不欲盈，

要想保住此道者，不應凡事要求過滿，滿則溢則變也。

（能保此道者即濁以靜之徐清，安以久動之徐生。靜、安必須在形體內方能實現，否則就無法做到濁以靜、安以久，故不得滿盈，滿盈則溢則變。）

夫唯不盈，故能蔽不新成。

反者道之動，若盈滿則必得新成。唯其不盈滿，故能蔽不新成。（指德只能畜養萬物，卻無法創造萬物。）

（夫唯不盈，故能蔽不新成。例如，洞穴無法遮蔽其洞形成一個循環個體，造成不斷地外溢，故生命無法長久。形體必須形成一個封閉式的循環系統，才不會外溢變成其他東西。）

【要點提示】

本章可以分為三大部分來分析。頭三句談到作者自己內心猶豫不安的心態，接下來兩句描寫善為士者之神態。本來到此就應該結束，但不知為何突然轉換了主題，居然談到生命是如何產生的，也就是在敘述德是如何畜養萬物的過程。（參閱第二十一章）這就讓我聯想到第四章「道沖而用之，或不盈」，經仔細比對，才發現真有許多相似之處，試比較分析如下：

道 沖 而 用 之 或 不 盈 淵 兮 似 萬 物 之 宗
挫 其 銳 解 其 紛 和 其 光 同 其 塵
無論誰想描寫善為士者之容，都不是一件容易的事，好

比要畫家畫出老子的神態，真讓人有無從下筆的感覺。那老子又是依據什麼理念來描述的？就是依據第四章所言「挫其銳，解其紛，和其光，同其塵」來描述善為士者之容。

挫其銳：冰主肅殺，水主滋潤，因此可以說冰為水之銳者。善為士者必先挫其銳，故曰「渙兮若冰之將釋」。

解其紛：樸為物之始，無欲亦無紛爭。善為士者必能做到無欲無爭，故曰「敦兮其若樸」。

曠兮其若谷：即第四章所言「和其光」。

混兮其若濁：即第四章所言「同其塵」。

孰能濁以靜之徐清：意指天地初始，混沌一片，靜之則清氣上升為天，濁氣下降為地。

孰能安以久動之徐生：不失其所者久（參閱第三十三章）。濁氣下降而成形（此時僅有形體尚無生命），道能無所不入，進入陰實之形體後，安而不離其所。天為陽為虛主動，亦存在於陰實之體中。地主靜天主動，久動始成生命。這兩句正是描述德畜之的生命成形過程。

保此道者不欲盈：能保此道者即濁以靜之徐清，安以久動之徐生，靜、安必須在形體內方能實現，否則就無法做到濁以靜、安以久，故不得滿盈，滿盈則溢則變。

保住生命的關鍵也在於不能盈滿，盈則溢，溢則失其所，故無法濁以靜之徐清，安以久動之徐生。

夫唯不盈，故能蔽不新成：只有不盈滿方能安而不離其所，畜養自己的生命，而不去成就新的生命。（參閱第四章「道沖而用之，或不盈」）

第十六章

致虛極守靜篤

萬物並作吾以觀復

夫物芸芸各復歸其根

歸根曰靜是謂復命

復命曰常知常曰明

不知常妄作凶

知常容容乃公

公乃王王乃天

天乃道道乃久沒身不殆

【問題討論】

能看得懂這一章嗎？

看似懂，卻說不明白在講什麼。

這章要和第十五章一起來看就容易多了。

「致虛極，守靜篤」，能致虛極者法天，能守靜篤者法地，就是第十五章所說的「孰能濁以靜之徐清」的意思。因為天地若尚在混沌時期，就是濁而不虛的狀態，靜之方得以清，清則虛現。

「萬物並作」就是「安以久動之徐生」的意思。地主靜，故能安以久。天主動，故曰「動之徐生」。天虛地靜萬物始能並作。

「吾以觀復」，就是說只有虛極守靜回到初始狀態，才能觀復。何謂觀復？觀復就是觀看萬物由生到滅整個重複變化的過程，也就是第一章中所說的「常有欲以觀其徼」。

知不知道這章的主旨是什麼？

主要在講歸根復命。

萬物皆由實體陰和虛體陽所構成，故曰「萬物負陰而抱陽」（參閱第四十二章）。死後實體回歸於地，虛體回歸於天，德則復歸於道，又開始創造新的生命，此即歸根復命。歸根曰靜，是謂復命；復命曰常，知常曰明。

何謂知常曰明？常就是經常不變的意思，凡是自然之事皆為經常不變之理，故可謂常。而「明」字就是我們曾討論過的「不言之教」的意思。從大自然不言之教中獲得的知，謂之明。不言之教一定和那些經常不變的道理有關，故曰「知

常曰明」。本章，老子以天為例來解釋何謂天之常。天之常意指天不自生，外其身而身存，故天能無所不容。天又不與物爭，故能公正無私。人若能容能公，萬物將尊奉其為王。王法天，天法道，唯道能長久永續，終身不會遇到危害。

第十六章釋義　致虛守靜

致虛極，守靜篤，

致力法天，達到虛無之極；致力法地，專一謹守地靜載萬物，不去干涉萬物的生長。

萬物並作，吾以觀復。

萬物自然能各得其所，欣欣向榮，我則以虛靜的態度觀察其由無到有、由有到無的生生不息、反覆變化之常理。（此即第一章所言「常有欲以觀其徼」。）

夫物芸芸，各復歸其根，

芸芸萬物變化流動，最後都回歸其最初始之根源。

歸根曰靜，是謂復命。

歸其根源就叫靜，靜又是生命的開始，故曰復命。

復命曰常，知常曰明，

復命乃自然之常理，知道自然之常理通則者，是謂明。

不知常，妄作凶。

不知常理之人，則無自知之明，故易妄作非為，惹禍上身。

知常容，容乃公，

懂得外其身而身存者，自能做到有容乃大無所不包，無所不包方能做到公正無私。（參閱第七章）

公乃王，王乃天，

公正無私自能得到眾人的愛戴，得為王。得民心者，得天助。

天乃道，道乃久，沒身不殆。

天法道之虛無，既為虛無自能長久永續。「沒身不殆」就是十三章中所說的「即吾無身，吾有何患？」人若能做到「無身」則無物能侵，終身不會遇到危害。

【要點提示】

我給「明」下個簡單的定義：凡從天地所得到的知，均可謂之「明」，也就是中國人最崇尚的理念「天人合一」，這才是老子所崇尚的「知」。本章天地給我們的不言之教就是「致虛極，守靜篤」。

第十七章

【原文】

太上下知有之

其次親而譽之

其次畏之

其次侮之

信不足焉有不信焉

悠兮其貴言

功成事遂百姓皆謂我自然

【問題討論】

　　老子把治國分為四個等級，邵雍把政治也分為四個等級，即皇、帝、王、霸四級，正和老子學說相符，闡釋得非常到位，節錄於後：「用無為則皇也。用恩信則帝也。用公正則王也。用智力則霸也。霸以下則夷狄，夷狄而下，是禽獸也。」這樣大家比較容易看得懂。下一句「信不足焉，有不信焉」，知道是什麼意思嗎？

　　知道。就是說，居上位者誠信不足，百姓就不會相信他。

　　這句話的意思你們都明白了，但這話和上下文有什麼關聯嗎？

　　好像有，又好像沒有。

　　這句話我覺得出現得有些突然，這不是大家都懂的道理嗎？值得寫進文章嗎？在此之前的文章可以說是章章精彩，唯獨這一句，照字面來解釋，總覺得文句有些不通暢。再說這句話的位置，正是全文承上啟下的轉捩點，不懂這句就無法連貫全文的意思。試想，誠信不足固然不好，但是不是誠信足了就好了呢？若誠信足老百姓就滿意了，那百姓怎麼會說「我自然」呢？再說，誠信是一種有為的表現，和老子的理念也不合。

　　這點可真沒想到，確實值得商榷。

　　老師講講自己的想法，供大家參考：若人獨處，就不會有信譽的問題；開始與人接觸，才會有信譽的問題。信是一種與他人的約定，既然約定了，就要去做，這就是有為的開

始。有為則可能造成誠信不足，因此主張無為，無為則無不信，「功成事遂，百姓皆謂我自然」。如此一來，此句既可承上啟下，又能符合老子的旨意。

第十七章釋義　皇帝王霸

太上下知有之，

最好的國君以無為治國，民眾知道有君王存在，大家都過著自己喜歡的生活。

其次親而譽之，

次一等的國君是立善施惠，以恩信治國，使人民得以親近而又稱讚他。

其次畏之，

再次一等的以公正威嚴治國，使民眾畏懼他。

其次侮之。

再次一等的就施以刑罰，使民眾覺得受到羞辱，憎恨在上位的人。

信不足焉，有不信焉。

信是一種約定，是有為之始，有為則可能造成誠信不足，民眾自然就不會相信他。

悠兮其貴言。

　　細思之，這真是寶貴的言論。居上位者應慎言，不應有為，輕許諾言，容易失信於百姓。

　　（亦可譯為：輕諾乃有為之始，故曰輕諾必寡信，這是很值得深思的寶貴言論。參閱第六十三章。）

功成事遂，百姓皆謂我自然。

　　功成事就，不應自恃其功，應該讓百姓覺得，這一切都本應如此，是最自然不過之事，這才是最好的國君。

第十八章

【原文】

大道廢有仁義
慧智出有大偽
六親不和有孝慈
國家昏亂有忠臣

【問題討論】

這章只有簡短的四句，但這四句就告訴了我們老子的倫理思想藍圖，看看你們能否找出。

老師，後面兩句能懂，但是頭兩句就不懂了，好像老子不贊同仁義和智慧。一個國家少了仁智，那會是個什麼樣的國家？

要想知道原因，就必須知道那個時代的治國演變過程。老子在第三十八章中提到「失道而後德，失德而後仁，失仁而後義，失義而後禮」。這就是老子說「大道廢，有仁義」的原因。第十七章談到，邵雍把政治分為皇帝王霸四等級，他也把無為之道列為最高，把仁義則歸入了恩信之列。第二句「慧智出，有大偽」就是下一章所說的「絕聖棄智」，這個問題合併到第十九章再和大家詳談。

第十八章釋義　孝慈仁義

大道廢，有仁義。

廢棄無為之大道，就會出現有為之仁義。

慧智出，有大偽。

有慧智之人出現時，就會有大虛偽的事產生。

六親不和，有孝慈。

家庭不能和睦相處時，才能看出誰孝順、誰慈愛。

國家昏亂，有忠臣。

國家在昏亂敗亡之時，才能彰顯出忠臣。

【要點提示】

老子所提出的道、德、仁、義、禮等的社會演變過程，是否在當今社會還能找到？

請留意，老子當時用的「慧智」非我們今日所常用的「智慧」。

第十九章

絕聖棄智民利百倍
絕仁棄義民復孝慈
絕巧棄利盜賊無有
此三者以為文不足
故令有所屬見素抱樸少私寡欲

【問題討論】

　　第十九章應該是《道德經》中最有爭議的一章，因為它的內容完全違背了傳統美德，整個社會都無法認同，但又不敢批評老子，因此儘量替老子往好處想，卻總是尋找不出解決之道，最後大家統一口徑，認為是傳抄筆誤。現從中國網「文化中國」（http://cul.china.com.cn/）節錄一篇報導，供大家參考：

　　一九七三年長沙馬王堆漢墓出土了帛書《老子》甲乙本兩種佚籍，一九九三年十月湖北荊門市沙洋縣郭店村又出土一批楚簡《老子》等，均引起學界轟動。

　　郭店楚簡《老子》有助於澄清對老子與儒家關係的認識。學界從來認為老子反對儒家的仁義觀念，提倡回歸小國寡民的原始農業社會，仁義是大道廢壞後的產物。這在傳世王弼注本《老子》與帛書甲乙本中寫得明白：「絕仁棄義，民復孝慈。」這似乎是鐵案。但楚簡《老子》卻沒有此語，只有「絕智棄辯」、「絕巧棄利」、「絕偽棄慮」這樣的話語，是主張絕棄機巧詐謀，並不是不要仁義。楚簡的本子最早，反映出原本《老子》沒有反對仁義的觀念，所以傳世本反仁義的很可能是後人對《老子》思想的引申改動。（文章來源：《太原日報》）

　　首先談談有關版本年代早晚的問題。考古出土的郭店本固然是至今發現的最早版本，但是王弼所用的版本，源自何時也沒人知道，或許比郭店本還早。如何證明？我是依據文

章的內容來判斷。王弼的版本記載著「絕聖棄智，民利百倍。絕仁棄義，民復孝慈」，這明明是兩句高深的道家哲理，由於歷代文人學者都無法破解這句話的含義，故而刪改其意變為「絕智棄辯，絕巧棄利，絕偽棄慮」。經刪改後的句子，完全誤解了老子的原意。西方歷史上也曾出現過「絕聖棄智」的革命思潮，西人不惜為此理想發動戰爭，從而改寫了整個西方的歷史，同樣的理論在中國卻至今尚在爭論。他山之石可以為錯，讓我們從西方的「絕聖棄智」之戰，來窺探老子的苦心孤詣。

只要讀過西方歷史的人，都應當知道馬丁‧路德這位傳教士。大家能不能告訴我，他對世界有什麼重要的貢獻？

他給人類最大的貢獻就是把《聖經》從拉丁文翻成德文，從此民眾都能接觸《聖經》，直接與神交流。

沒錯！這是他的偉大功績。中國人常言三不朽：立德、立功、立言。你們覺得他的貢獻應當歸為哪一類？

立言？

不對！因為那是翻譯別人的作品，不是自己的創作，所以不能歸為立言。

那就是立功了？

可以這麼說。畢竟翻譯整本《聖經》，不是件容易的事，確實要花不少功夫。他還有沒有比這更大的貢獻？

創立了基督教新教路德宗。這個不朽功績應該屬於哪一種？功還是德？

一般而言，功是比較容易看得見的，例如翻譯《聖經》。至於為什麼他冒著生命危險，還要去奮鬥，卻很少人

知道，這才是最重要的。也就是說，他心中有個理念，這個理念才是推動馬丁·路德勇往直前的原動力。若他只是奉行前人的理念，那就只能說他做到了立功，卻還達不到立德的境界。但若他所奉行的理念，是他自己創造出來的全新觀念，那就是立德了。

立德與立功有什麼區別呢？

他為此所做的一切工作，可以看作形體。而畜養這一切的原動力，則是藏在他心裡面的一種理念，一種生命的原動力，雖然看不見卻實實在在地存在，因此創立了新教路德宗也可算作立功一件，而其思想中心的原動力，一種創新的哲學理念影響後世深遠，這才能算是立德。至於馬丁·路德創新之德是什麼，就很少人知道了。由此可以看出立德與立功的區別，立功者顯，立德者功成而不居，常不為人所知。馬丁·路德所立之德，即為其創新的哲學理念，就是老子所說的「絕聖棄智」。

馬丁·路德那個時代正是西方中古世紀神權統治的時代，一切都得聽命於神，而神在地上的代理人就是教皇，因此教皇就成了聖人。當時的智慧都源自《聖經》，唯獨教皇擁有解釋《聖經》的最高權力。因此教皇可以說是集聖與智於一身，所有信徒都應效法教皇，並且聽從他的智慧教導，他同時還有審判的權力。若碰到好的教皇統治，就會出現聖人之治；若遇到腐敗的教皇，社會就道德沉淪民不聊生。馬丁·路德時代正值教會腐敗到極點，教皇為了能搜刮更多的錢財，開始販賣赦罪或贖罪券，也就是鼓勵犯罪。誰犯了罪都沒關係，只要花錢買張赦罪券，罪就得以赦免，死後仍然

可以上天堂。馬丁‧路德再也看不下去這種敗壞的行徑，於一五一七年發表了《九十五條論綱》，反對教會的不當行為，高舉絕聖棄智的革命理論，主張人不應效法集聖與智於一身的教皇，而應以神作為榜樣，直接與神交流。要想與神直接交流，信徒就必須能自己讀《聖經》。但當時《聖經》是用拉丁文寫的，除了神職人員能讀懂外，普通百姓是無法讀的。為了實現這個直接與神交流，全民讀《聖經》的願望，馬丁‧路德開始著手翻譯《聖經》。

馬丁‧路德和教皇之間的「絕聖棄智之戰」持續了三十年，這就是西方史上著名的三十年宗教戰爭。最值得思考的問題是，同樣的理念中西方為何會形成完全不同的結果？

教皇之所以能成為聖人，並不是因為他的德行，而是靠著他的職位，誰得到這個職位，誰就是聖人，有如中國之天子。反觀中國的聖人都是用畢生的努力，經世代認可，方能成為聖人，也可以說是無懈可擊的完人，而且是不能世襲的，因此中國人對聖人的要求遠遠超越西方。西方一說到絕聖棄智馬上就能接受，因為是棄絕教皇，直接與神交流，是用更好的來替代差的，當然容易被接受。而中國聖人的地位至高，甚至超過自己的先人，應當說中國的聖人就是中國人共同的祖先，國人均以此為榮，若言絕聖棄智就等於說是欺宗背祖，是無法原諒的，從沒人想過還有比聖人更好的模範。老子認為思想中最好的理念是無法用語言文字來表達的。老子的目的是追求那最深邃又無法用語言文字表達的明，而不是用語言文字能表達的精粕。聖人有許多無法用言語表達的上等理念和技藝值得我們學習，但這一切都隨著他

們的逝去而失傳，能留下來的僅是那些能用文字可以表達的次等思想和技藝。既然是次等的，那有什麼值得去學習？因此老子主張絕聖棄智，回歸天地。聖人雖然把他們的至高理念帶走了，但其智慧之源仍然隱藏在天地之中，因此老子才希望大家能效法聖人的老師，那就是天地。聖人因能法天地，故能成聖，那我們為何不能跳過聖人，直接效法天地呢？聖人有如教皇，天地即為神，絕聖棄智就是回歸天地的意思。聖人固然也可以成為我們效法的模範，但回歸天地、天人合一才是我們追求的理想境界。

我們如此誤解了老子，真感到慚愧！

在中國還發生過一次「絕聖棄智」之爭，最終以和平收場。有沒有同學知道？

這麼大的事件怎麼從未聽過？

因為這又和立德有關，所謂「功成而弗居」，所以大家都忽略了。中國歷史上還有一次「絕聖棄智」之爭，最後用至高的智慧和平解決，那就是六祖慧能創立禪宗。許多禪師把禪宗的思想歸納為四句偈：「教外別傳，不立文字，直指人心，見性成佛。」現就從這四句偈來分析。

教外別傳：慧能創建禪宗，有如馬丁‧路德創建新教路德宗。

不立文字：即不言之教。

直指人心：也可說是自知之明。我曾解釋過，自知之明可分為兩種。一種是儒家的，以人性為主；另外一種是道家的，以天地為主。慧能取道家不言之教的方法，探究儒家人性之真，從而創立禪宗。

見性成佛：絕棄集佛家聖智於一身的佛，回到明心見性的悟。果真如此，定會遭到信徒的反對。最後慧能想出一個辦法，為佛下了新的定義，成為一代宗師，即「見性成佛」。把佛與自性畫上等號，和而不同，賦予佛教更豐富的內涵，消弭爭端於無形，創立了中國式的佛教，在立德史上又平添了一則佳話！

聽了老師的講解，茅塞頓開，真讓我們感到慚愧！那佛教、禪宗和道家有何區別？

這是個很好的問題！佛教是宗教，道家和禪宗是哲學。

那哲學和宗教又有什麼不同？

哲學和宗教最大的不同，從理論上看，宗教樂於探討前世或來生，而哲學則只談現世。從認知觀點來看，中國哲學家都有一個共同的特點，奉行「知之為知之，不知為不知，是知也」。由於哲學家不知前世或來生，所以就不去論斷。反觀各家宗教，一定要談前世或來生，否則就不是宗教。還有一樣不同之處：宗教追求唯一，中國哲學追求和而不同。哲學強調「盡信書不如無書」，卻沒有一個宗教會說「盡信宗教不如無宗教」。

中國傳統社會的思想主流就是儒家和道家，在出家人的世界也有兩派，即北宗佛教和南宗佛教即禪宗。北宗佛教有如儒家，南宗禪宗則似道家。請看下文，就能知曉儒、禪、道思想的大要：

孔德如日，普照大地。
禪心月滿，甦我心靈。
道心月弦，點化天心。

為何老子又說「絕仁棄義，民復孝慈」，難道我們又誤解老子了？

《道德經》第三十八章中提到「失道而後德，失德而後仁，失仁而後義，失義而後禮」，這是一段非常完整的中華文化發展史，也是中國人在不同時代用過的各種治國之方，全民的行為準則。有關仁義禮大家多少都能瞭解，但道與德指的是什麼？為什麼排在仁義之前？對此就很少有人去思考，老師也不例外。只知道儒家講仁義，西方宗教也提倡愛。那老子的主張是什麼？難道還有比這更高的理念嗎？

本章提到「絕聖棄智，民利百倍。絕仁棄義，民復孝慈」，據此看來孝慈應該在仁義之上。那孝慈是否就是用道德治理國家時的典範？老子並未明言。但這點確實太重要了，因此我試著從《道德經》中去找答案。

在第二章中老子提到「是以聖人處無為之事，行不言之教」，不言之教的意思就是自然之教，自然不會說話，卻用大自然中的例子向我們暗示，來教導我們。也就是古人常說的「仰則觀象於天，俯則觀法於地。觀鳥獸之文與地之宜，近取諸身，遠取諸物」。這些都談到了如何依據天地之法則，尋找出物我之理。現就從老子所歸納出的天地法則來分析老子的倫理道德觀。

老子在第七章中談到天與地的特性：

「天長地久，天地所以能長且久者，以其不自生，故能長生。是以聖人後其身而身先，外其身而身存。非以其無私邪，故能成其私。」

不自生的意思就是無為而成，因為天地能包容萬物，不

與物爭，隨物而生，故能長生。後其身而身先，此就地而言，意為：聖人法天地，不與人爭，善為人之後，反而能藉人之力，走在他人的前面，正如泰山不辭土壤故能成其大，河海不擇細流故能就其深。地主下、主後，故曰「後其身」。外其身而身存，此就天而言，天主上、主外，故曰「外其身」。能做到無我，包容萬物，則身自長存。

由此能看出，老子之天具有以下幾個特點：不自生，能做到無為、無我，包容萬物，這就是天之慈。老子之地的特點：不自生，能做到無為、無爭，完全順服於天，願為人之後，此乃地之孝。天以慈衛地，地以孝侍天，此即老子之天地與慈孝的關係。此理運用到治家，天慈地孝就是以天為父，子為地，故曰父慈子孝，乃法天地不言之教也。

世人皆知儒家重視孝道，卻不知道家也重視孝道。事實上孝道也不是只有儒道兩家重視，早在孔老之前的社會，就已經是一個道德仁義禮並存的時代。老子主張以孝慈治國，故曰：「絕仁棄義，民復孝慈。」孝是中國固有的傳統美德，難怪古人有言「百善孝為先」「家有孝子不絕其祀」。歷史上堯傳位於舜，因為舜是個孝子；舜傳位於禹，因為禹能法天。做到外其身、無我之慈，這就是老子的倫理觀。

由於科技進步、醫藥發達，人們平均壽命逐漸增長，造成許多養老的社會問題，這時才體會到孝慈更是安定社會的重要基石。

第十九章釋義　絕聖棄智

絕聖棄智，民利百倍。

　　摒棄聖人和智者，人民能受益百倍。

絕仁棄義，民復孝慈。

　　摒棄仁義，人民自然會回到孝慈。

絕巧棄利，盜賊無有。

　　摒棄巧利，使民不貴難得之貨，盜賊自然消失。

此三者以為文，不足。

　　此三者可以美化外表，但仍有些不足之處。

故令有所屬，見素抱樸，少私寡欲。

　　因此當將此三者歸屬於其內在的本質上，就是要能做到
純真樸實，減少私心和欲望，才算完美。

【要點提示】

　　將第十八章「大道廢，有仁義」和第十九章「絕仁棄
義，民復孝慈」合在一起，就可以看出老子此處的大道就是
孝慈的意思。另外老子提到「國家昏亂，有忠臣」，可以看

出老子的倫理觀：在上位者當法天之慈愛民如子；百姓應法地之孝為國盡忠，在家庭則為父慈子孝。

絕仁棄義：棄絕有為之仁義。

民復孝慈：讓民眾又回到天地無為之孝慈。

法聖的意思就是模仿聖人的言行，最好的方法就是模仿。只要有心誰都可以學，重視「行」。絕聖的意思就是模仿天地自然之教，雖然都是模仿，但其要求特別高。首先要能發現天地自然要教我們什麼，這就是「知」，老子稱之為「明」，找到「明」後才能去模仿。這不是一個從有到有的模仿，而是從無到有的創造。強調「知行合一」，可謂難上加難！非人之上者是無法做到的，或許這就是「不言之教」被忽略的原因。

宗教和信仰還有一個重要的區別，現代主流宗教除了講前世或來世外，還都主張唯我獨尊，強調「一神論」。

網路上看到「荊門戰國楚墓」（下）的影片，介紹郭店楚簡《老子》時，提到其內容和王弼版本不同之處：

「絕聖棄智民利百倍，絕仁棄義民復孝慈」《王弼本》

「絕智棄辯民利百倍、絕偽棄慮民復孝慈」《郭店本》

看到此時真還不能瞭解為何最老的《郭店本》竹簡上的記載與《王弼本》老子會有如此大的不同。直到挖掘出一個漆耳杯，杯上刻有四個大字：「東宮之師」才恍然大悟。原來這批竹簡正是一本最高等級的教材。這位東宮太子的老師是誰呢？考古揣測是楚懷王在位時，太子橫的老師慎到。愚意，既然是老師就絕不會，也不敢教太子「絕聖棄智，絕仁

棄義」，否則要太子如何治理國家？或者會被誣陷為叛逆之罪。因此老師只好把教材改寫為：「絕智棄辯，絕偽棄慮」。由此也能看出當時的學者專家對老子的誤解，難怪會有那麼多不同版本出現。聖人教導眾人要追求智慧和仁義，而老子則希望眾人能回歸天地，以孝慈來治國。

第二十章

【原文】

絕學無憂

唯之與阿相去幾何善之與惡相去若何

人之所畏不可不畏荒兮其未央哉

眾人熙熙如享太牢如春登臺

我獨泊兮其未兆如嬰兒之未孩

儽儽兮若無所歸

眾人皆有餘而我獨若遺

我愚人之心也哉沌沌兮

俗人昭昭我獨昏昏俗人察察我獨悶悶

澹兮其若海飂兮若無止

眾人皆有以而我獨頑似鄙

我獨異於人而貴食母

【問題討論】

老子有四絕，前面談到過絕聖棄智、絕仁棄義、絕巧棄利，相信你們都能理解，也可以接受了。現在又來個絕學無憂，對此你們怎麼理解？

如果不用學就能無憂，那我們還上學幹嘛？還希望老師能開導開導，讓我們能覺得上學是一件有意義的事。

首先要知道「學」字的意思，誰可以告訴我們？

學應該就是學習或學問的意思。

對了。接下來就要問，學什麼能解除我們的憂慮？學什麼會引起憂慮？

學了專業能解除我們的憂慮。至於學什麼會引起憂慮，這點想都沒想過。

談到這個問題必須先解釋一下，中國的教育制度，千年來都是建立在有為的基礎上，突然要以無為來代替，是不合實際的。所以只能在有為的基礎上，加入一些老子的理論方法，以彌補有為教育之不足。但也有一個最理想的辦法，就是由國家或企業出資，根據老子不言之教的理論，創建一所老子學院，從幼稚園開始教育到大學，這樣才能和現有的體制比較出優劣。我對老子還是很有信心的，或許我們能創出一種學制，讓世界都來向我們學習。

言歸正傳，其實老子已經給出了解決之道。第一句言明主題「絕學無憂」，答案就在最後一句「而貴食母」，就是尊道貴德的意思，也就是要學習天地不言之教。凡是經由不言

之教得到的知，都是我們要學的，對此老子也絕不會反對。而老子想要絕的學問，就是第二句所講的「唯之與阿相去幾何？善之與惡相去若何？」這是一種學習分辨的學問，例如貴賤、善惡等。所以，榮辱貴賤有何差別？善與惡有何不同？不過就是同出而異名，從不同的觀點出發，就會有不同的看法，例如勝者為王、敗者為寇。若能達到無分別意識的境界，這些就不需學了，煩惱憂慮也自然消失，故曰「絕學無憂」。這樣就懂了吧？

懂了。原來「老子四絕」居然是提升我們靈性的四大妙招！那「人之所畏不可不畏」又是什麼意思呢？

大家都知道孔子所說的「己所不欲，勿施於人」，它和老子的「人之所畏不可不畏」是同樣的意思，只是孔子主張主動有為，老子則反其道而行，主張被動無為。兩者都是為了追求和平，全世界至今都還沒有比這更先進的理論。這也是孔子和老子待人處世的指導原則，是全書中非常經典的一句話。從字面上來看，相信你們也都懂，可以解釋為：世人所畏懼之事，我不能不畏懼。能不能舉個例子來說明？

別人怕生病，我也不得不怕病。別人怕死，我也不得不怕死。

這樣說也對，這只是人之常情，不用說也知道。老子講這話的意思是不要和別人爭，例如別人怕得病而你不怕，但你一定要尊重別人的想法，別去和人爭；現有個好位子，大家都想要爭取，都怕失去，你就別和別人爭。這就是「人之所畏不可不畏」的意思。第十三章中提到的「寵辱若驚」就是最好的例子，大家都怕失寵，因此千萬別去爭寵，如此自

然無憂。因此我們可以將老子這幾句話，歸納為兩句話：「絕學可以無憂，畏人之所畏亦可無憂。」

荒兮其未央哉，是什麼意思？

首先要分辨這句話是承接上句還是下句，若是和上句有關就可注解為：世人這種為學日益荒誕的行徑，不知何時才會了結。若和下句有關，可注解為：

世人這種奢華荒誕的行徑，不知何時才會了結。

王弼注解為：嘆與俗相返之遠也！由此看來，這句話和下面的句子有關，感歎作者與眾人截然不同的生活方式。

接下來幾句均為描寫兩者不同之處，老師把句子的順序重新安排，比較容易瞭解。

原文如下：

眾人熙熙如享太牢，如春登臺。我獨泊兮，其未兆如嬰兒之未孩。儽儽兮，若無所歸。

重新編排如下：

眾人熙熙如享太牢，我獨泊兮，其未兆如嬰兒之未孩。（眾人熙熙）如春登臺，（我獨）儽儽兮若無所歸。

果然意思沒變，讀起來較順。老師，如嬰兒之未孩，是什麼意思？

老師一直以為哭笑都是與生俱來的，直到自己的孩子出世後，每天給孩子攝影，到了第七天才發覺孩子的笑容。或許每個孩子開始笑的時日不盡相同，但笑不是與生俱來的，卻讓我感到訝異。未孩就是指還不會笑的嬰兒，此時正是還處在沒有分別意識的階段，那也是道家最理想的境界：樸。一有了笑，就代表開始有了分別的意識，也就離開了樸，猶

如西方的亞當、夏娃偷吃了伊甸園中的果子後，就有了分辨善惡的意識，終被逐出天堂，來到人間。

現將一些不容易懂的詞句，注釋於後。再配合老師的解釋，你們應該就會懂了！

熙熙：和悅貌。熙熙攘攘皆為利而往來。

太牢：牛、羊、豕三牲。

儽儽：疲勞或懶散。

沌沌：混沌元氣未判。

澹兮：恬靜貌。

飂兮：飛揚貌。

第二十章釋義　畏人之所畏

絕學無憂！

為學日益，為道日損（參閱第四十八章），能絕分辨貴賤、善惡之學，則道無損。故無憂。

唯之與阿相去幾何？善之與惡相去若何？

榮辱貴賤有何差別？善與惡有何不同？

（唯是下應上的語氣，代表賤。阿為上對下的語氣，代表貴。）

人之所畏不可不畏！

世人所畏懼之事，我不能不畏懼。

（尊重別人，別去惹是生非，更不能用世人所畏懼之事，作為行事為人的準則，免得引起不必要的紛爭）。

荒兮，其未央哉！

這種迷失荒誕的行徑，不知何時才會了結！

眾人熙熙如享太牢，如春登台。

眾人皆像有著享用不盡的大餐，看不完的春光美景似的，縱情於歡樂、名利。

我獨泊兮，其未兆如嬰兒之未孩。

我獨好淡泊寧靜，純樸得像一個還不會笑的嬰兒。

儽儽兮，若無所歸。

眾人如春登臺，我則似倦無所歸。

眾人皆有餘，而我獨若遺。

眾人皆志得意滿，而我則像是若有所失。

我愚人之心也哉！

我的心思有如愚人一般啊！

沌沌兮！俗人昭昭，我獨昏昏；俗人察察，我獨悶悶。

清濁不分啊！世人皆光鮮昭著，我則昏昧無智；世人多

能明辨是非，我獨昏然無所識。

澹兮，其若海。飂兮，若無止。

恬淡無欲如海，飄逸如風，無所執著。

眾人皆有以，而我獨頑似鄙。

眾人皆願有所作為，我獨昏悶無用，似冥頑不靈。

我獨異於人，而貴食母。

唯獨我和世人不同，尊道貴德，因為此乃天下之母，生之本也。

【要點提示】

中國人的待人處世之道，都奉行孔子的哲理「己所不欲，勿施於人」。翻成白話就是：自己所不喜歡的就別強加給別人。但世人常常把這句話解釋成：自己所不喜歡的，不應該給別人；但自己所喜歡的，就可以給別人。正是這一誤解，造成天下大亂。例如，當年歐洲十字軍東征，西方自認為基督可以拯救世界，因此要把基督教的博愛精神傳遍世界，甚至不惜發動戰爭。試看今日世界，西方傳播民主的方式，不正和當年一樣，主觀意識越強的國家，戰爭也越多，何故？

「人之所畏不可不畏」這句話也很容易引起誤解。例如，人們畏懼戰爭，因此我也當畏懼，但並不是說，別人不

畏懼戰爭，我也不畏懼戰爭，更不能說人之所愛不可不愛。孔子和老子的這兩句話，都是促進世界和平最先進的哲理。試想，以這兩種理論來引導世界，世上的戰爭一定會減少。若仍誤解先哲之苦心孤詣，隨意添加言外之意，要想達到世界和平難矣！

　　盼望中國人能高舉孔老名言，發揚「己所不欲，勿施於人」、「人之所畏不可不畏」精神，引導世界走向和平。

第二十一章

【原文】

孔德之容惟道是從
道之為物惟恍惟惚
惚兮恍兮其中有象恍兮惚兮其中有物
窈兮冥兮其中有精其精甚真其中有信
自古及今其名不去以閱眾甫
吾何以知眾甫之狀哉以此

【問題討論】

　　這又是一篇千年難解的文章。我也是從這篇文章和我母親寫的一首詩《風》中獲得靈感，悟出了德字的奧秘。由於實在太難，因此由老師來講，有問題時你們再問就是了。

　　全文就在談一個德字。若不瞭解德字的含義，就無法解釋這篇文章。首先要確定，「孔德之容」的孔字是名詞還是形容詞。千年來多把孔字當作形容詞「大」來解，因此注解為大德之容，惟道是從，聽起來也很合理。王弼把孔字注解為：「孔，空也。唯以空為德，然後乃能動作從道。」卻沒解釋「孔德之容」的容字，僅言及動作從道。老師將其重新斷句，並把自己悟到德字的歷程，和大家一同分享。

　　「孔，德之容。」要想瞭解這句話，就先得解釋德是什麼。最常見的說法就是：德者得也。誰得到了？得到了什麼？沒說清楚。《管子》〈心術上〉云「德者道之舍」，德者無形，似道，既然無形，自然無法成為舍，故也不易懂。蘇轍談到了道變為德後，方能展現其容貌，故曰：「道無形也，及其運而為德，則有容矣。故德者道之見。」但道如何運而為德，道的容貌究竟是什麼樣子，也沒說清楚。

　　再用《莊子》〈齊物論〉中風吹萬物的例子來解釋，什麼是德：

　　子綦曰：「夫大塊噫氣其名為風，是唯無作，作則萬竅怒號，而獨不聞之翏翏乎。……」

　　子遊曰：「地籟則眾竅是已，人籟則比竹是已，敢問天籟？」

子綦曰：「夫吹萬不同，而使其自己也。咸其自取，怒者其誰邪？」

隨著溫度改變，空氣的流動，就形成了風。風吹萬物，用同樣的力道，但是地上的孔竅大小則有不同，大者進風較多，小者較少，沒孔竅者就拒風於外，因而產生不同的聲響。至於每個孔竅該從道拿多少，全由萬物自己決定，道絕不強迫。孔竅允許多少風進去，該物就得到多少，從而發出各種不同的聲響，由於萬物形體各異，就形成各自獨有的特質。據此可知，道存在於物外，道一進入萬物體內就叫德，而不叫道了，所謂同出而異名，功成而身退，這就是德者得也，德者道之現，德者道之舍的含義。由此可推而得知，地上萬物都是管子所說的道之舍，萬物的容貌就是蘇轍所說的「道之見」。

孔字雖然有空的意思，細思之還是有不一樣的地方。孔指的是體內之空而非體外之空，空字則不分體內體外，均可言空。老子為了明確表達道居於外、德居於內的理念，故曰孔為德之容，而不言空為德之容，以示區別。道之無即是空，名之為道。道之有即是孔，體內之空，名之為德。孔源自空，猶如德源自道。孔正是道沖進萬物體內時的通路。因此可以說，道與德實為一物，道虛無無體，德則虛無有實體。就像西方宗教所講的，神用泥土造人，並在他身上吹了一口氣，他就成為有靈的活人。神所吹進去的那口氣，就是德。故曰：德者得也。由於是各取所需，因此不會有爭奪的現象。萬物自己決定，該從道拿取多少，就是多少，因此才說「孔，德之容」，而非道之容。

這裡可以說：孔就是德的容貌。也可以說：孔就是德的容量，也是道要進入萬物的孔道。體內越空，能容納的道就越多，德行也就越高。因此老子勸人要寬宏大量，後其身，外其身。

接下來談到萬物成形的過程。第四章中曾和大家談過「象帝」的意思，於此再重複解釋一次：萬物生成可分為三個步驟，初始一定是無，例如道就是無，有無才會生有。有又可以分為兩個階段，先是無形之氣體，謂之「象」，例如天，故曰天象。而後為有形之器物，謂之「形」，例如地，故曰地形。因此我們可以說萬物皆由天地形象所構成，它們演變的順序是：道生天，天生地。也就是先由無生象，而後由象生形。

在第十章曾談過「（道）生之（德）畜之，生而不有，為而不恃，長而不宰，是謂元德」。本章第一句又談到道與德的關係：「孔，德之容，惟道是從。」老師又解釋了道居外德居內、德者道之舍等問題。這些都只談到道如何創造生命的過程，解釋了道生之的含義，卻未曾提到德畜之的問題。從第二句開始，就是在描述德在形體內如何畜養萬物的過程。德者既然是道之舍，那什麼才是德之舍？老師認為德之舍就叫「信」。讓我們來看看，道進入形體變為德後，德在形體內的作用及其變化的過程。

首先是道之為物（即德）進入形體後，仍然處於惟恍惟惚的狀態，接著就是惚兮恍兮的象（氣），漸漸出現恍兮惚兮的物（形）。又不知經過了多久的遊走浮動，在神秘窈冥之處生成了精，德也在此幽冥昏暗之際沖入精中，從此更名

為信。精、信結合為一體後，就不再分開。精得到了信才能被稱為真精，因此才說「其精甚真，其中有信」，此信即為德之化身。

　　道進入實體名為德，德進入實體名為信，道、德、信均為「無」的化身。以上就是德進入形體如何畜養生命的過程，萬物生成皆離不開此一法則。

　　基督教主張聖父、聖子、聖靈三位一體。老子則主張道、德、信三位一體。

第二十一章釋義　三位一體

孔，德之容，惟道是從。

　　孔，空也，竅也。空竅就是德的容貌，也是德的容量。凡事德都伴隨道之旨意而行。故曰：孔，德之容。

道之為物，惟恍惟惚，

　　道沖入形體之中，更名為德，始終在體內恍恍惚惚地四處遊走。

惚兮恍兮其中有象，恍兮惚兮其中有物，

　　恍惚之間似見其象，時而似覺有物。

窈兮冥兮其中有精，其精甚真，其中有信。

　　又不知遊走多久，在神秘窈冥之處生成了精，德也在此

幽冥昏暗無法察覺之際沖入精中，從此更名為信。精、信結合為一體後就不再分開，精得到了信才能被稱為真精。故曰「其精甚真，其中有信」，此信即為德之化身。

自古及今其名不去，以閱眾甫。

從古至今所有的男性生理，都據此理演變，無一可以離開德的，故用此來觀察萬物。（其名即德也。）

吾何以知眾甫之狀哉，以此。

為什麼我能知道眾男子的生理狀態，就是依據道、德、信的變化。

（《說文》：「甫，男子之美稱也。」凡男子皆得稱之。以男子始冠之稱，引申為始也。）

本章以德入男性精子為例（卵子的形成與精子相同），闡明生命畜養繁衍的真諦，萬物皆同。

【要點提示】

這章不但告訴我們德是如何在體內畜養生命的，還告訴我們形體是如何產生的。德在形體內始終不停地循環浮動，唯獨在進入精子或卵子之後就不再四處遊走，專心留在其中，為從事創造生命所需要的形體而工作。道與德是同出而異名，道一進入形體就不再稱道，而更名為德，這就叫「同出而異名」。同樣，德在進入精卵後，就不再叫德，而更名

為信，這就是本章前四句話的要義。具體表現如下：

德在進入男性體內的精液化名為信後，孕育出無數的精子，精子本身無法創造形體，必須與女性體內的卵子結合方能實現，這一切過程都發生在體內而非體外。受精卵被包裹在子宮內，與體內之德分離，直到胎兒發育成熟落地來到人間，這就是德轉化為信，創造出整個形體的過程。此時的胎兒僅為形體尚無生命，若此時道不將德沖入胎兒體內，胎兒就無法存活。若把德沖入胎兒體內，就在胎兒轉變成嬰兒的瞬間發出長嘯，宣告嬰兒誕生。這就是道創造生命與德創造形體的理論依據。

第二十二章

曲則全枉則直窪則盈

敝則新少則得多則惑

是以聖人抱一為天下式

不自見故明不自是故彰

不自伐故有功不自矜故長

夫唯不爭故天下莫能與之爭

古之所謂曲則全者豈虛言哉

誠全而歸之

【問題討論】

　　曲是指球體有凹時的面，有如月亮，缺則會變滿。「曲則全」就是月亮給予人類的不言之教，意指按天的規律行事，月滿則缺，月缺則滿，缺即曲，滿即全。

　　此處之聖人是指能抱一為天下式者，不一定是指統治者。

第二十二章釋義　曲則全

曲則全，枉則直，窪則盈，

　　凹陷會變回圓滿，彎會變直，窪地則會變得盈滿。

敝則新，少則得，多則惑，

　　舊會變新，少會變多，多則容易產生迷惑。

是以聖人抱一為天下式。

　　因此聖人都秉持曲則全（抱一之一即月缺則滿）的至簡之理，作為其行事的法則。

不自見故明，不自是故彰，

　　不自我表現者有自知之明；不自以為是者，自然彰顯其是。

不自伐故有功，不自矜故長。

　　不自我誇耀者，自然容易成就事功；不自矜表其功者，故能成為眾人之長

夫唯不爭，故天下莫能與之爭。

　　因為不願爭奪，因此天下沒人能與之爭奪。

　　（以上皆為曲則全的例證）

古之所謂曲則全者，豈虛言哉！

　　古時所謂委曲便令保全，絕非無妄之言！

誠全而歸之。

　　所有的事情都可適用此一天理。

第二十三章

希言自然故飄風不終朝驟雨不終日
孰為此者天地天地尚不能久而況於人乎
故從事於道者道者同於道
德者同於德
失者同於失
同於道者道亦樂得之
同於德者德亦樂得之
同於失者失亦樂得之
信不足焉有不信焉

【問題討論】

大家看完這章後，知不知道老子想說些什麼？

頭兩句老子想說，連天都不能做得到的事，我們人就更做不到了。但是他指的是什麼事，從文中的例子無法看透，好像前後沒什麼關聯。

這章王弼解說得很好：「聽之不足聞，不足聽之言乃是自然之至言。」那你們能聽懂自然的話嗎？

老師不問我們還不知道，您一問，我們的思路就清晰多了。難道風雨就是自然的話語？

自然以無言為至言，以風雨為聲為用，從而引出天地的不言之教。知不知道這章的不言之教是什麼？

「孰為此者？天地，天地尚不能久，而況於人乎？」連天地都不能做得到的事，我們人就更做不到了。

五日一風、十日一雨謂之風調雨順，此乃自然的正常現象（無為），飄風驟雨屬於反常（有為），老子借著天地來說明有為是無法持久的，希望能回歸到無為。故而言「故從事於道者，道者同於道」。有學者認為「道者」重複出現，可能是筆誤，讀起來是有點不順口，我試著添加幾個字，或許有助於瞭解：「故從事於道者，道者同於道。（從事於德者）德者同於德。（從事於失者）失者同於失。」什麼是道者、德者、失者？王弼注解為：「道以無形無為成濟萬物，故從事於道者以無為為君，不言為教。德者少則得故曰得。累多則失故曰失。」意思是說，依據什麼原則辦事就會有什麼結

果。用無為和不言之教的方法就能與道同行；用少則得的方法就能與德同行；用飄風驟雨有為反常的做法，終將會與失同行。

文末突然來了一句「信不足焉，有不信焉」，有誰知道這句話的意思？

如果一個人平時就不講信用，大家就不會相信他。

一般都是這樣解釋的。請問這句和全文有何關係？

好像沒什麼關係。

這還得先瞭解前後文的關係，才能解釋出來。本章的主題是有為者無法長久，最後一句就是答案：「信不足焉，有不信焉！」

老師，這和主題有何關係？

信是一種約定，是有為之始，有為則必造成誠信不足，故不能持久。同樣這句話也出現在第十七章中，即「太上下知有之……信不足焉有不信焉」。也主張無為，有為則易造成誠信不足。

第二十三章釋義　希言之言

希言自然，故飄風不終朝，驟雨不終日。

自然以風雨為聲為用，聽之不足聽之言，乃是自然之至言。（參閱第十四章「聽之不聞，名曰希」）所以疾風刮不了一個早上，暴雨也下不了一整天。

孰為此者？天地。天地尚不能久，而況於人乎？

這是誰做的呢？是天地。連天地所做的事情（有為）都不能持久，人若有為，就更別提了。

故從事於道者，道者同於道。

所以想依據道的法則行事的人，聲同則應，氣同則和。行事以道為依歸者，就當依照道的法則行事：無為而治。

德者同於德。

行事以德為依歸者，就當依照德的法則行事：德者得也，少則得，抱一為天下式。

失者同於失。

行事以失為依歸者，就當依照失的法則行事：累多則失，多則惑。

同於道者，道亦樂得之。

行事合於道者，道也樂而得之。

同於德者，德亦樂得之。

行事合於德者，德也樂而得之。

同於失者，失亦樂得之。

行事合於失者，失也樂而得之。

信不足焉，有不信焉！

　　信是一種約定，是有為之始，有為則必造成誠信不足。
（參閱第十七章）

【要點提示】

　　道、德均本於無為，失則奉行有為，有為則信不足焉，
有不信焉。

第二十四章

企者不立跨者不行
自見者不明自是者不彰
自伐者無功自矜者不長
其在道也曰餘食贅行
物或惡之故有道者不處

【問題討論】

本章讓我聯想到第九章的兩句話：揣而梲之，不可長保。富貴而驕，自遺其咎。

老師，能不能再講清楚一些？

企者、跨者、自見者、自是者都是想展現自己的鋒芒，猶如揣而梲之，不可長保。

自伐者、自矜者猶如富貴而驕，自遺其咎。

哦，原來是這樣！

第二十四章釋義　過猶不及

企者不立，跨者不行，

踮腳站者不穩，跨大步走者不宜於行。

自見者不明，自是者不彰，

喜歡表現自己者，沒有自知之明，會為自己惹來麻煩。所謂知常曰明，不知常，妄作凶。（參閱第十六章）自以為是者，反而無法彰顯其是。

自伐者無功，自矜者不長。

喜歡自誇者，常是無功之人。喜歡自恃其能者，無法成為眾人之長。

其在道也日餘食贅行，

　　從道的觀點來看，這些都像是多餘的飯菜，是身體的累贅。

物或惡之，故有道者不處。

　　凡物多厭惡這些事，有道之人是不會這樣做的。

第二十五章

有物混成先天地生

寂兮寥兮獨立不改

周行而不殆可以為天下母

吾不知其名字之曰道強為之名曰大

大曰逝逝曰遠遠曰反

故道大天大地大王亦大

域中有四大而王居其一焉

人法地地法天天法道道法自然

【問題討論】

　　第一、二十一、二十五和四十二章可以說是全書的重中之重，少了這幾章，《道德經》就只能算是一本好書，但卻無法稱為奇書。哲學中最難的部分就是如何解釋由無到有，具體而言就是生命的起源問題。西方用神創造世界之說，來解釋生命的起源，名之為《創世記》。中國則用盤古開天闢地的故事來解說。嚴格講兩者都算是神話故事，所不同者，西方將此神話當作宗教信仰來崇拜，而中國則將其視為神話來傳誦。試想若有人能創造出一種理論，解釋生命的起源，那不就成了天下第一奇人！他的作品不就成了天下第一奇書！老子的《道德經》就是這麼一本奇書，可惜沒人能懂。事實上中國的創世理論，就記載在這幾章內，由於年代久遠，無人能懂，有也變成無了。這才是為什麼《道德經》始終無法讓人讀懂的原因，也是我們對老子重大誤解之處。

　　在第一章中老子就具體解說了道、德和眾妙之門三者之間的關係。第二十一和四十二章則描述了生命的起源。本章則按其尊卑順序，為其排列出官長制度，使萬物能有所遵循。現在開始可以討論第二十五章了。

　　「有物混成先天地生」指的是什麼？

　　當然是道了！第四章中講過「象帝之先」就是「先天地生」的意思。

　　真不錯！還能記住以前講的，又能活用。那「有物混成」是什麼意思？

　　不知道。

首先要確定有物是指何物。

那一定是指德了。

為什麼？

因為道是空無，不能說它是物，所以說是德。

其實此物就是指天、地、萬物尚處於混沌一片的狀態，故曰：有物混成。此時道與德尚未分開，仍處於「同謂之元」的狀態，卻尚未進入天地萬物之中，各自仍保有其獨立性，故曰「獨立而不改」。從「周行」開始，道沖入天地萬物之中變為德，從此道與德邀遊於天地萬物之間永無間斷，故曰道「可以為天下母」。

這就說出了道的特性，並勉強給它取名叫大，字之曰道，於此可以看出道有三種稱呼，即天下母、道與大。

接著就出現了一段很難解釋的句子：「大曰逝，逝曰遠，遠曰反。」誰能解釋「大曰逝，逝曰遠，遠曰反」？

「逝」字會讓人想到時間，遠和距離有關，反是什麼意思就不知道了。

你們的悟性不錯！光看「逝」、「遠」、「反」這幾個字，資料太少，實在不知道老子想說什麼。

讓我們先來看看，老子如何解說他自己的文章，然後再反過來推敲他的原意。

老子到底想要解釋些什麼？

就是想要解釋：何謂道大、天大、地大、王亦大？

請留意第六行的第一個字是故，這就代表老子先把「道大、天大、地大、王亦大」的理由做出了解釋，然後才說「故道大、天大、地大、王亦大」。據此，老師把老子的話

重新編排，看看是否合理。

何謂「道大」？

答：「吾不知其名，字之曰道，強為之名曰大，故道大。」

這裡都用老子自己寫出的文字作答，僅把順序稍微做了改變。你們可以接受這樣的編排嗎？

是蠻有道理的！讀起來也容易懂。

下面幾句就都依照這句的形式來發揮。

何謂「天大」？

答：字之曰天，強為之名曰逝。故「大曰逝」。

注解：道開始進入到天地萬物，化生為德後，就產生了一系列的變化，這種大變化就稱之為逝。逝就是往或亡的意思，在這裡可以解釋為消逝，即道逝而德生。當混沌世界消逝之時，天地萬物就隨之而生。這就是中國人講的清氣上升集而成天，天無不覆故曰天大。濁氣下降而成地，地無不載故曰地大。天因逝而大，地因逝而遠。

何謂「地大」？

答：字之曰地，強為之名曰遠，故「逝曰遠」。

注解：逝曰遠，濁氣下降而成地，地無不載故曰遠，遠者無遠弗屆故曰地大。

何謂「王亦大」？

答：字之曰王，強為之名曰反。故「遠曰反」。

注解：王就是代表地上所有生命的掌管者，就是人，故曰「人亦大」，這裡指的就是地上所有的萬物。道與天地能永存，而萬物生命則靠生生不息，反覆循環，得以長存。正

如第十六章所言「歸根曰靜，是謂復命」，故曰「遠曰反」。萬物因為能歸根復命而得與天地同存，故曰「王亦大」。

這樣編排就比較容易理解了。

接下來要討論的就是本書的重中之重。你們先看看，有沒有什麼不懂的地方。

應該都看得懂，就是不知「域中」是指何處。

這句話看起來很簡單，卻隱藏了天大的秘密。「域中」指的就是道、天、地、王「四大」的所在地。那你們能不能告訴我，「四大」存在於什麼地方？

應該存在於我們的地球上。

對！老子先把他要講的範圍界定出來，就是域中。接著排出「四大」的尊卑順序：「人法地，地法天，天法道，道法自然」。請大家留意，突然由「四大」變為「五大」，多了一個自然。這就產生了新的問題：自然是什麼？位於何處？

這個問題我們根本沒注意到，一般多引用河上公的注解「道性自然，無所法也」或「道外無自然」之說。

兩千多年來都是這麼注解的，主張道即自然，如此就不需要再去討論自然是什麼和其位於何處等問題。正因為如此，老子的創世理論就被淹沒了兩千多年，世人至今尚不知道，中國還有比西方更完美的創世理論。接下來就把我的想法和大家分享。

宇宙雖是無限的，但也一定有其生成的原理原則。老子試著先找出此原理，進而將其法則運用到萬事萬物，從而寫出《道德經》。因此要想瞭解《道德經》，就必須先知道老子的宇宙和生命起源論，否則很難讀得懂。

老子主要是在探討生命的起源問題，而非物質的起源。這點非常重要，因為老子也不知道，無生命的物質始於何時。因此他從尚無生命，但已具備物質形體的天地開始探討。具體而言，當時的天地有如現今的月球世界。由月球實體和真空所組成，卻還沒有生命。老子認為，有道的地方就能有生命，故而提出域中有「四大」即「道大、天大、地大、王亦大」的理論。這句話的意思就是說，在某一個區域內包含著「四大」：道大、天大、地大、王亦大。至於「域中」是什麼意思，老子並未明言。僅在下一句提到：人法地，地法天，天法道，道法自然。那就由「四大」變為「五大」，即人、地、天、道和自然。由此就產生了一個問題：自然是什麼？是在域中還是在別的地方？

　　其實我也沒有想過這個問題，但在翻譯成德文時，德國友人一直逼問，到底中文「域中」和「自然」有何不同？我也只能很籠統地回答說，域中也屬於自然的範疇。他說：「照你的意思我只能把自然翻作宇宙。」我說不全對。結果我們查了德文對自然的定義，也是模糊不清。畢竟這些詞都是在科學尚未昌明之前創造出來的，不能完全適用於現代。這時我才想到，為什麼不去查查古人是怎麼解釋自然的。

　　《說文》：「然，燒也。今俗別作燃。」據此而言，古人認為凡是自己能燃燒發光的物體，都叫自然，故自然者日月是也。上古之時人類看見天上有兩個大發光體，分別名為日月掌管晝夜，那道法自然中的自然，就可順理推出其名為日月。由於日月不在地球之內，故未列入域中四大。因此我才

想出「域外」這個詞來代表日月（自然）的所在地。如此四大和五大就能很清楚地區分出來。德國友人也贊同了這個解釋。

本章指出了萬物的所在地，稱其為「域中」。而域中萬物當以「域外」自然之日月為榜樣，效法日月之無為、無爭、無欲，謹守日月不言之教，這就是《道德經》全書的要旨。老子的創世理論分為兩個部分，第一部分講述道和天地的生成，第二部分講述萬物生命的由來。這些留待第四十二章，再和大家詳細討論。

第二十五章釋義　開天闢地

有物混成，先天地生，

有物混成就是指天、地、萬物處於混沌一片的狀態，故曰「有物混成」。此時道與德尚未分開，仍處於「同謂之元」的狀態，卻尚未進入天地萬物之中。

寂兮寥兮獨立不改，

寂然無聲在虛空裡，仍各自保有其獨立性。

周行而不殆，可以為天下母。

從周行開始，道沖入天地萬物之中變為德，從此道與德遨遊於天地萬物之間，化生萬物永無間斷，故曰道「可以為天下母」。

吾不知其名，字之曰道，強為之名曰大。

　　我不知道它名叫什麼，姑且給它冠上一個字，就叫道，
真要勉強給它一個具象的名，就叫大（道大）。

大曰逝，逝曰遠，遠曰反。

　　大曰逝，即道逝而德生的意思。清氣上升集而成天，天
無不覆故天大。逝曰遠，濁氣下降而成地，地無不載故曰
遠，遠者無處而不至故曰地大。遠曰反，萬物歸根覆命，生
生不息，謂之返。

故道大、天大、地大、王亦大。

　　故道大，天大，地大，王者主宰地上生命之主也，故王
亦大。

域中有四大，而王居其一焉。

　　域中有四大，能創新者為王，故王也是其中之一。

人法地，地法天，天法道，道法自然。

　　人之行事要效法地，地之行事要效法天，天之行事要效
法道，道之行事要效法自然。

【要點提示】

　　「道大」、「天大」、「地大」、「王亦大」中的「大」字除

了得道者為大外，還代表無遠弗屆和生生不息。凡道所創造出的生命都可曰大。道進入到天，故曰天大；進入地，則謂地大；進入到萬物，則曰王亦大。萬物皆能繁衍生息，唯獨人類才能創造出有限的生命。因為人能創造故得為王。

《說文》：「然，燒也。」廣而言之，凡自己能繁衍存活的生命皆可曰「然」。自然者就是能自己燃燒，自己能繁衍生息的意思。

道創造的生命都有一個共同點，就是能自己繁衍生息自己存活，這就是「遠曰反」的意思。除道以外其他的事物雖然也能創造生命，卻都無法自己存活，必須靠其他力量來維持。人雖然也能創造生命，但人所能創造的生命，無法與道相提並論。人所創造的生命無法繁衍生息，人必須不斷地供給力量或能源，方能使其存活。換言之，人只能創造有限的生命。就以樂器為例，笛子本身為物質，尚無生命。人將氣吹入笛子，從而產生美麗的旋律，笛子就活了起來，成就了笛子的生命。但人若不吹氣入內，笛子就會失去生命，又回到物質的狀態。隨著科技的進步，人類發展出許多能源的替代品，來替人們服務，例如風力、水力、火力、電力，進而演變到今日之核能等等，為器物創造了無數新的動能。但它們都有一個共同點，都無法自己繁衍，也就是不自然。老子主張人當法地，例如如何運用風力、水力、火力都是法地的成果，而電力與核能都可以說是法天而來。如今人類開始從域中之地球飛向域外之太空，開始法自然之太陽，研究核聚變，其最終目的也就是希望能做到「自然」。

當大家還在討論生命起源之時，人類已經開始研究如何

去效法自然，進而創造出生命，把人類重新送入眾妙之門，回歸到人類當年失去的天堂。

　　至此可以明瞭，老子在第一章中所談到的眾妙之門就是自然：

　　自然（眾妙之門）→元或玄（此時道德尚未分）→（既分則為）道、德→天地萬物。

第二十六章

【原文】

重為輕根靜為躁君
是以聖人終日行不離輜重
雖有榮觀燕處超然
奈何萬乘之主而以身輕天下
輕則失本躁則失君

第二十六章釋義　輕躁之失

重為輕根，靜為躁君。

　　輕必以重為根基，浮躁必以安靜為君。

　　（輕則失重，謂之浮；浮則躁動，而失靜。）

是以聖人終日行不離輜重。

　　因此聖人行事為人時時都當如輜車般安靜、穩重。

　　（輜車指載重、臥息之車，故安靜穩重。）

雖有榮觀，燕處超然，

　　雖然有榮華的宅邸、寬裕的生活，也應超然物外不離靜重。

奈何萬乘之主而以身輕天下。

　　無奈具有萬乘威儀的國君，凡事皆以自身為重，卻用輕浮躁動治國。

輕則失本，躁則失君。

　　輕則浮，浮則躁，輕浮會使其失去穩重的根本。

　　浮躁會讓他喪失心靈中的寧靜。

【要點提示】

本章用輜車為例，說明重與靜的重要性。古時車隊出行，都會有輜車，專供載重、臥息之用，故其安靜穩重。車隊出行，不能沒有輜車，少了它就不能成行。故輜車可謂車隊之根、君。聖人若失去了重、靜，就無以為聖人。

重、靜均為地之特點，人當法地，故應不離重、靜。

本章的聖人指的是君主或高官。

第二十七章

【原文】

善行無轍迹善言無瑕讁
善數不用籌策
善閉無關楗而不可開
善結無繩約而不可解
是以聖人常善救人故無棄人
常善救物故無棄物是謂襲明
故善人者不善人之師不善人者善人之資
不貴其師不愛其資雖智大迷
是謂要妙

【問題討論】

這章一開始，老子就把他所體會到的不言之教列出，然後舉出例子與實際結合。你們能看得懂嗎？

字字能懂，就是不知道老子想要說些什麼。善行無轍迹怎麼可能？上善若水，水過都留痕，別的就更別提了。

這是注解《道德經》經常會遇到的困難，字字能懂但就是不知道它的含義。想找出適當的例子來說明，更是難上加難。例如，「善行無轍迹」的「行」字，若當作行走理解當然沒錯，但卻無法找出一個例子來證明。若當作行事或行為來解釋，就可說善行就是無為或是行不留名，自然不會留下轍迹，例子也隨處可見。因此在理解過程中，遇到這類問題，我都會根據有無實例的原則來處理。善者即善於以無為用者，不善者即不善於以無為用者。文中所言之善，都和無字有關，例如無轍迹、無瑕讁、善數不用（無）籌策、善閉無關楗、善結無繩約。由此可以看出，老子重視的善，一定和無有關。接著就提出聖人最好的救人和救物方法。

老子用的是什麼方法？

若從具體行為來看，善行是指道與德的行為方式，道的行為模式就是生而不有，德是為而不恃。既然能做到不有、不恃，自然不會留下轍迹。

善言也可說是天地不言、不爭之教，因為不言、不爭，所以不會有瑕疵，也不會受到責備。

本章老子用了另外一種手法來表達，老師用問答的方

式，把老子的句子重新組合，就容易理解。

老子：「聖人常善救人，故無棄人。常善救物，故無棄物。」

問：那聖人用的是什麼方法？

老子：最好的方法就是「襲明」。

問：什麼是襲明？

襲明就是承襲天地不言、不爭之教。具體的例子：「善行無轍迹，善言無瑕讁，善數不用籌策，善閉無關楗而不可開，善結無繩約而不可解，是謂襲明。」

這樣是不是容易懂了？

清楚多了。

第二十七章釋義　上善若無

善行無轍迹，善言無瑕讁，

善行指的是無為或是行不留名，所以不會留下痕迹。無分別意識、無爭之言乃善言，故無瑕疵，也不會受到責備。

（又譯：善行是指道與德的行為模式，道的行為模式就是生而不有，德是為而不恃。誰能做到不有、不恃，自然不會留下轍迹，是謂善行。善言也可說是天地不言之教，因為不言不爭，所以不會有瑕疵，也不會受到責備。）

善數不用籌策；

善數指的是不需借用工具也能懂得計算的人。

善閉無關楗而不可開，

　　懂得關閉之道者，不用門栓機關也能把門鎖得牢不可開。

善結無繩約而不可解。

　　懂得捆綁打結的人，雖不用繩打結，亦牢而不可解開。

是以聖人常善救人，故無棄人。

　　是以聖人常用無為之法救人，因此無人會被遺棄。

　　（若用有為之法，靠行善來救人，就無法顧及全面，終有棄人。）

常善救物，故無棄物，是謂襲明。

　　常用無為之法救物，因此無物會被遺棄。這就叫作襲明（法無為之明）。

故善人者不善人之師，不善人者善人之資。

　　善者善於以無為用者。不善者即不善於以無為用者。善者當為不善者所師法。不善者是善者的資助感化對象。

不貴其師，不愛其資，雖智大迷，

　　那些不貴其師，不愛其資之人，雖為智者，實乃大迷之人。

是謂要妙。

　　這就是關鍵的奧妙。

【要點提示】

　　智者否定無為，主張有為、有智、有欲，所以不贊同用無為之法來救人救物。這些人雖然是智者，實乃大迷。

　　聖人之特點：常善救人救物。

第二十八章

【原文】

知其雄守其雌為天下谿為
天下谿常德不離復歸於嬰兒
知其白守其黑為天下式
為天下式常德不忒復歸於無極
知其榮守其辱為天下谷
為天下谷常德乃足復歸於樸
樸散則為器聖人用之則為官長故大制不割

【問題討論】

本章主題是在談常德，老子用了嬰兒、無極和天下谷為例，並加以解說。你們能懂嗎？

真不知道谿和嬰兒有什麼關係？

谿是指山中的小河溝，由於它處於低下之處，所以山中之水都會流向它那。谿流之水越積越多，最後流向河、海。這不正是河海不擇細流的寫照。嬰兒乃為人之初生，只會越長越高，不會越長越小；有如山中之小谿變為河海。谿與嬰兒都處於其勢必長而不消的初始狀態。以嬰兒為例，能知雄守雌，為天下谿，生命才能繁衍成勢，故曰常德不離。

這和雌雄又有什麼關係？

王弼解釋得很好：「雄先之屬，雌後之屬也。知為天下之先也，必後也。是以聖人後其身而身先也。」谿和嬰兒不也都是後其身而身先嗎？

那知白守黑是什麼意思？

萬物生命體皆由實體陰（黑）和虛體陽（白）所構成。第十一章「有之以為利，無之以為用」就是知其白守其黑的範例：

「三十輻共一轂（黑），當其無（白），有車之用。

埏埴以為器（黑），當其無（白），有器之用。

鑿戶牖以為室（黑），當其無（白），有室之用。

故有（黑）之以為利，無（白）之以為用。」

想要白能發揮其功用，必須要先有健全的黑才行，此即

守黑為白之理,萬物生命體之構成也都離不開此一法則。以此知白守黑之理,作為天下之法式,萬物則不會再有所差失,自能回歸於無極之初。

那「知其榮,守其辱,為天下谷」是什麼意思?

知其榮守其辱,此即天覆地載之功。天地之榮,源於天地能容忍,也就是後其身而身先,外其身而身存的道理。谷乃集天地谿三者而成,可為知榮守辱的典範。萬物生命體之構成都離不開天地。天主虛(氣/呼吸),地主實(形體),合於此天下法式,則能復歸於無極之初。知榮守辱為天下谷,常德乃足,復歸於樸。樸者無為、無欲、無爭,故曰常德乃足。

什麼是常德?

常就是自然不變之理,德者得而不離也,就是經常能與德同在的意思。如何才能做到?文中提出三種不同的方法,即知雄守雌為天下谿,常德不離。知白守黑為天下式,常德不忒。知榮守辱為天下谷,常德乃足。若能做到這些,德自然常伴不離,不會有所差失,且能豐足,知足常樂。

第二十八章釋義　常德

知其雄,守其雌,為天下谿。為天下谿,常德不離,復歸於嬰兒。

知道陽剛為雄,其勢必消,謹守陰柔為雌,其勢必長的道理,即守雌為雄之本,行事為人自當仿效低下小谿。能成

為天下的小谿，必能常得而不離（德者得也），萬物自然來歸而不離，又回到嬰兒其勢必長而不消的初始狀態。（此以人為例，能知雄守雌，為天下谿，生命必能繁衍成勢。）

知其白，守其黑，為天下式。為天下式，常德不忒，復歸於無極。

萬物皆由實體陰（黑）和虛體陽（白）所構成。黑為實為有，白為虛為氣。此即陽負陰，陰抱陽的意思。

第十一章有言「有之以為利，無之以為用」，意指有（為黑為陰，代表形體、地）是為了便利無（為白為陽，代表形體內的白為虛為氣即天）的各種功用而存在。想要白能發揮其功用，必須先有健全的黑才行，即守黑為白之理，以此作為天下之法式，萬物則能常得而不失，不會有所差失，又回歸於無極。（此就萬物而言。）

知其榮，守其辱，為天下谷。為天下谷，常德乃足，復歸於樸。

知其榮守其辱，此即天覆地載之功。天地之榮，源於天地能容忍，也就是後其身而身先、外其身而身存的道理。谷乃集天地谿三者而成，可為知榮守辱的典範，有如天下的山谷能以雌包容一切，故能成其山谷之榮。

得為天下谷，常得自然豐足，又回到萬物初始與道融合的狀態——樸。

（儒家亦有言：「天將降大任於是人也，必先苦其心智，勞其筋骨……」此皆就行事為人而言。）

139

樸散則為器，聖人用之則為官長，故大制不割。

　　樸一經有為處理或加工，就形成各種不同的器物，聖人
觀察使用後將其命名，定出各種名分之高低尊卑，為它們制
定出官長之制，使萬物有所遵循，僅此而已，不應再細分，
分得越細爭論也越多。大制者能全物之性，故不割。（大制
者知雄守雌，知白守黑，知榮守辱，故能不割。）

【要點提示】

　　樸：指的是尚未經過處理或加工的帶皮原木。原木是遵
照道無為、無欲、無爭的法則成長，因此尚未離開道。（經
過處理或加工即有為），就離道越來越遠。因此老子崇尚原
木，因其最接近道的緣故。此處之樸亦可廣義解釋為，所有
遵照道法則存活的事物。

　　官長：制定出各種名分之高低尊卑，使萬物能有所遵
循，僅此而已，不應再細分，分得越細爭論也越多。

　　這章也有提到聖人乃是能制定官長制度的人。

第二十九章

將欲取天下而為之吾見其不得已
天下神器不可為也
為者敗之執者失之
故物或行或隨或歔或吹或強或羸或挫或隳
是以聖人去甚去奢去泰

【問題討論】

本章的「不言之教」是什麼？

就是去甚、去奢、去泰。

那「物或行或隨，或歔或吹，或強或羸，或挫或隳」是什麼意思？和不言之教有什麼關係？

坊間諸多譯本注解為：因此萬物各異，或有事物行而在前，或隨而在後，或得溫暖而榮發，或受寒風吹而凋零，或盛而強，或衰而弱，或挫而受阻，或遇隳而毀壞。但是為什麼要談這些，和不言之教有什麼關係就不知道了！

本章的不言之教也可以說是「為者敗之，執者失之」，那該怎麼辦才好？老子提出了解決的方法，首先說明萬物各有特點，沒有什麼好壞、前後、寒暖、強弱等分別。只要能做到去甚、去奢、去泰就好。

噢，原來是這樣！

知不知道為什麼聖人要去甚、去奢、去泰？

不就是要大家知足嗎？

能不能在自然界中找出個例子？

整個自然界不都是無爭嗎？既然無爭，不就代表滿足嗎？

太陽和月亮也都不爭嗎？

對呀！

雖然它們也都不爭，但其使用的方式卻不同。太陽始終處於盈滿狀態，因此它必須不斷地釋放出熱能，這種現象稱為「損有餘」。而月亮則怕滿，滿招損，故喜歡處於不盈滿

的狀態，因此能接受幫助，這就叫作「補不足」。這就是第七十七章中所講的「天之道損有餘而補不足」。請問，去甚、去奢、去泰是太陽還是月亮的不言之教？

那應該是太陽的吧。

太陽和月亮有個共同的特點，都忌滿。太陽是因為過滿，因此要主動減損。月亮則因為怕滿，因此儘量去規避它，不希望達到滿，一滿就躲開，回到不滿的狀態。因此兩者都主張去甚、去奢、去泰。但去字含有主動的意味，本章所講的應該是太陽的不言之教。若是月亮的不言之教，就應當把去字換為避字，即避甚、避奢、避泰。

第二十九章釋義　去盈

將欲取天下而為之，吾見其不得已。

想要靠有為得到天下，我看註定是得不到的。

天下神器不可為也。

天下好比是神聖至尊之物，無法靠有為去佔有或取得。

為者敗之，執者失之。

為者一定失敗，想佔有者也一定會丟失。

故物或行或隨，或歔或吹，或強或羸，或挫或隳。

因此萬物各異，或有事物行而在前，或隨而在後；或得溫暖而榮發，或受寒風吹而凋零；或盛而強，或衰而弱；或挫而受阻，或遇隳而毀壞，均當順從天之道——損有餘而補不足。

是以聖人去甚、去奢、去泰。

因此聖人應當法天，去除過滿、奢華和富泰。

【要點提示】

這一章要求聖人能做到去甚、去奢、去泰。這些不只和統治者有關係，其他人也應該努力做到。

去甚者去有為、有執。去奢者不貴難得之貨。去泰者即去有餘，不見可欲也。

第三十章

【原文】

以道佐人主者不以兵強天下其事好還
師之所處荊棘生焉大軍之後必有凶年
善有果而已不敢以取強
果而勿矜果而勿伐果而勿驕
果而不得已果而勿強
物壯則老是謂不道不道早已

【問題討論】

不知你們有沒有留意到，這一章和上一章有何不同？

上章談到如何取天下，這章則是談如何用兵。

我們先來看寫作方式。以往老子是先提出不言之教，然後作出解釋。這兩章卻正好相反，先作出說明，最後才提出不言之教。這章的不言之教是什麼呢？

本章的不言之教就是「物壯則老，是謂不道，不道早已」。

這兩章實在很有意思，都在表達「天道忌滿」的哲理，但卻用了兩個不同的例子。上一章是以太陽為例，主張「去甚、去奢、去泰」。這一章則是以月亮為例，主張「物壯則老，是謂不道，不道早已」。

本章並不難懂，只需要知道「果」字的意思。果，指戰果、成果，或指達到目的。

第三十章釋義　善果

以道佐人主者，不以兵強天下，其事好還。

以道輔佐君主治國者，不會靠武力強取天下，因為以戰屈人之兵，他人亦以戰爭還報。

師之所處，荊棘生焉。大軍之後，必有凶年。

軍隊所到之處，荊棘隨之叢生。戰爭過後，必定會有困苦的歲月。

善有果而已，不敢以取強。

善於用兵者，只求目的達到就結束，不敢用強力去奪取更多的戰果。

果而勿矜，果而勿伐，果而勿驕，

目的達到後，不應自負、自誇，更不能驕傲。

果而不得已，果而勿強。

作戰的目的雖然達到，那也是出於不得已而戰，不應得到戰果後，還繼續霸淩對方。

物壯則老，是謂不道，不道早已。

事物發展壯大後，隨之而來的就是老化衰敗的開始，此乃不依道行事才會有的現象，行不合於道的事，絕無法長久，失敗是註定的。

第三十一章

【原文】

夫佳兵者不祥之器物或惡之故有道者不處
君子居則貴左用兵則貴右
兵者不祥之器非君子之器
不得已而用之恬淡為上
勝而不美而美之者是樂殺人
夫樂殺人者則不可以得志於天下矣
吉事尚左凶事尚右
偏將軍居左上將軍居右言以喪禮處之
殺人之眾以哀悲泣之戰勝以喪禮處之

【問題討論】

　　三十一章很特別，王弼沒有為這章和六十六章加注。這一章闡明了中國人看待戰爭的態度，即「不得已而用之，恬淡為上」。戰爭沒有勝者，故以喪禮處之。如此先進偉大的思想放在今日世界，亦無出其右者。

　　這裡有個很有趣的問題：為什麼喪禮以右為尊？

　　不知道！

　　按照中國五行哲理，太陽從東邊升起，代表生命之初生；從西邊下山，象徵著消逝。在繪製地盤圖或地圖時，以左為東，右為西，上為南，下為北。戰爭代表著消滅，故以右為尊，平時則以左為尊。最有意思的是，當我和德國友人翻譯至此時，他說，西方只知道太陽從東方升起，西方落下，卻沒有左升右降的觀念。

第三十一章釋義　　用兵恬淡為上

夫佳兵者不祥之器，物或惡之，故有道者不處。

　　再好的軍隊和先進的兵器都是不吉祥的東西，凡物一般都厭惡它，有道之人都避而遠之。

君子居則貴左，用兵則貴右。

　　日常生活中君子以左為上，戰時則以右為大。

　　（太陽左升右降，故左為陽、為生，右為陰、為滅。）

兵者不祥之器，非君子之器。

　　兵器和軍隊都是不祥的東西，君子多不願使用它。

不得已而用之，恬淡為上。

　　在萬不得已的情況下使用時，也應該越少越好，適可
而止。

勝而不美，而美之者是樂殺人。

　　戰勝並不是美事，若以戰勝為美者，就是喜歡殺人的人。

夫樂殺人者，則不可以得志於天下矣！

　　喜歡殺人的人，無法在天下貫徹他們的意志。

吉事尚左，凶事尚右。

　　吉慶之事尊左為大，凶喪之事以右為上。

偏將軍居左，上將軍居右，言以喪禮處之。

　　用兵時偏將軍安排在左方，上將軍在右方，全是按喪葬
禮儀的方式來處理。

殺人之眾，以哀悲泣之，戰勝以喪禮處之。

　　殺敵眾多，也應以一種悲傷哀泣的心情來對待，戰勝者
的慶功大典也應按喪葬之禮來處理。

第三十二章

【原文】

道常無名樸雖小天下莫能臣也
侯王若能守之萬物將自賓
天地相合以降甘露民莫之令而自均
始制有名名亦既有夫亦將知止知止可以不殆
譬道之在天下猶川谷之於江海

【問題討論】

今天要和大家分享一個重要的觀念：科學追求必然性，文學、哲學則尋找可能性。因此，在討論時，歡迎大家提出不同的看法，從而豐富《道德經》的內涵。老師現在給大家一個練習：第一句「道常無名樸雖小天下莫能臣也」該如何斷句？

是不是「道常無名，樸雖小，天下莫能臣也」？

那道與樸是不是相同的事物？是樸小，還是道小？

應該是相同的事物，但是讀起來像是兩樣東西。

老師提出另外一種斷句的可能性：「道常無，名樸，雖小，天下莫能臣也。」此處之「道」與「樸」就為同一物。

再提一個較難的問題：「始制有名，名亦既有，夫亦將知止，知止可以不殆。」，「知止」是什麼意思？

就是知道適可而止，才不會受到傷害。

這也是一種可能性，老師把「知止」解釋為「知道停止有為」。詳情請看釋義。

第三十二章釋義　知止不殆

道常無，名樸，雖小，天下莫能臣也。

道之常為無，名之為樸（變為有形之德後則可名）。

樸者無為、無欲、不爭，雖然很小，普天之下卻沒有人能使它臣服。

侯王若能守之，萬物將自賓。

侯王若能守住質樸的自然天性，萬物自然歸順。

天地相合以降甘露，民莫之令而自均。

天地陰陽之氣調和，自然就會生成甘露。有如不用法令來治理，人民自然知道自己該做的事，遵守該守的本分，均衡和諧的社會自然就會形成。

始制有名，名亦既有，夫亦將知止，知止可以不殆。

始制就是在制定各種制度之初，必須先正名（有為之始），分列官長尊卑，使物各有所遵循（例如天、地、人，君、臣、父、子等先後之關係）。名分既定，就不能再（有為）細分下去，否則會造成更多的紛擾，因此要能知止。知止的意思就是停止有為，復守其母（回到無為），守住樸，不可因物欲而變遷，知止（即停止有為回到無為）則天下之母守而不失，所以能沒身不殆。

譬道之在天下，猶川谷之於江海。

道與天下的關係正如川谷之流向江海，江海雖不招不求，而川谷自然來歸。

第三十三章

知人者智自知者明
勝人者有力自勝者強
知足者富強行者有志
不失其所者久
死而不亡者壽

【問題討論】

這一章雖然簡短，卻提供了許多重要的觀念。你們看得懂第一句「知人者智，自知者明」的意思嗎？說說看。

能識人者是智慧，瞭解自己的人是明，所謂自知之明。

明字除了自知之明外，還有沒有其他的解釋？

對了！老師不是說過，從不言之教所得到的知叫明。難道這裡說的是不言之教？

哲學既然是探討可能性，當然值得研究。老子把知分為兩種：一種探討人與人之間的交往之智；一種研究人與自然的關係，謂之知或自知。一般都把智和知混為一談，因此特別重視知人之智，也就是人際關係，而忽略了自知之明。若把自知之明解釋為自己認識或瞭解自己，就又回到人際關係的智，而不是老子想要的明。因此我把自知之明釋為：凡是自己從不言之教所獲得的知，謂之自知或明。

原來老子把智和知分得那麼清楚，我們真是誤解他了。那最後一句「死而不亡者壽」要怎麼解釋？

這句話有好幾種意思。我們先來分辨死與亡的不同。形體之消滅謂之死，無形無象之體的消失謂之亡。形體有生必有死，故曰死。德則無形無象也無生死，故曰不亡。據此可解釋為：形體死後氣回歸於天，形體回歸於地，德會離開形體，復與道合而為一，故曰不亡者壽。這句簡單的話卻明白地告訴我們，死後靈魂與形體的去處。

身雖死，但其帶給人類的創新理念和發明卻能長存，正

如古人所言三不朽：立德、立功、立言等，均可謂「死而不亡者壽」。

第三十三章釋義　自知者明

知人者智，自知者明。

知人者懂得活用人際關係，故為智者。凡是自己從不言之教所獲得的知，謂之自知或明，故曰自知者明。

勝人者有力，自勝者強。

戰勝別人可謂有力，能戰勝自己才是強者。

知足者富，強行者有志。

能知足就是富有。能勤而力行之人，具有堅強的意志。

不失其所者久。

能定於一，而不失其所者，有始有終謂之長久。

死而不亡者壽。

死而不亡者，身雖死，但其所帶給人類的理念，卻能長存，故壽。

（又釋為：形體死後回歸於地，氣回歸於天。德會離開形體，復與道合而為一，故曰不亡者壽、不亡者德也。）

【要點提示】

　　「知人者智，自知者明」，知人與自知到底有何區別？能知人固然好，若被運用到人與人之間的鬥爭，爭賢、爭貴、走後門爭權位等，則是不好的。自知者超然物外，遨遊於天地之間。兩者實有天壤之別。

　　小時候父親常講些有名的故事和名言來啟發我們，其中有一句似乎就是對上面兩種情況的寫照：「籠雞有食湯鍋近，野鶴無糧天地寬。」也許這就是為什麼老子會在第六十五章中提到：「以智治國，國之賊。不以智治國，國之福」的原因。

第三十四章

【原文】

大道氾兮其可左右
萬物恃之而生而不辭功成不名
有衣養萬物而不為主
常無欲可名於小
萬物歸焉而不為主可名為大
以其終不自為大故能成其大

【問題討論】

本章最重要的就是最後一句「以其終不自為大，故能成其大」，誰能解釋一下？

就是有容乃大的意思。

很好！第七章也講過，天地不自生故能長生，這也是不自為大故能成其大的另一種解釋。

第三十四章釋義　不大之大

大道氾兮，其可左右。

大道廣泛無涯，無所不在，可左可右，處處逢源。

萬物恃之而生，而不辭，功成不名。

萬物靠著它應運而生，從未遭到過拒絕；它成就了萬物，卻不求留名。

有衣養萬物而不為主。

它撫育萬物，卻不認為自己是萬物的主人。

常無欲，可名於小。

因為它常沒有欲望，因此可以稱它為小。

萬物歸焉而不為主，可名為大。

萬物自然歸附於它，而它卻不以主人自居。它能容納萬物，因此可以稱它為大。

以其終不自為大，故能成其大。

它之所以能成就它的廣大無涯，是因為它知道，能守住無欲之小方為大，故不自以為大，有容乃大，終能成其大。

第三十五章

【原文】

執大象天下往
往而不害安平太
樂與餌過客止
道之出口淡乎其無味
視之不足見聽之不足聞用之不足既

第三十五章釋義　道之味

執大象天下往，

大象無形，誰能執而御之，天下萬物自當趨而附之。

往而不害安平太。

萬物同往而不相害，不相衝突，自能相安無事，天下自然太平。

樂與餌過客止。

好聽的音樂，好吃的東西，能吸引過往的人駐足傾聽或品嘗。

道之出口淡乎其無味，

道所能展現的特點，遠不如樂與餌那樣吸引人，往往是淡而無味。

視之不足見，聽之不足聞，用之不足既。

想看它也看不見，想聽它也聽不著，但卻能取之不盡，用之不竭。

【要點提示】

老子從不同的角度來解釋道。關於「大象」，王弼解釋得很好，天象之母也。在第四章談到「象帝之先」，象帝就是天象。大象應該就是指「象帝之先」。

第三十六章

【原文】

將欲歙之必固張之
將欲弱之必固強之
將欲廢之必固興之
將欲奪之必固與之是謂微明
柔弱勝剛強
魚不可脫於淵國之利器不可以示人

【問題討論】

　　單字或詞句不懂時，可以上網去查，或是參考每章老師的釋義，故不再做特別的解釋。老師把重點放在解釋老子特有的哲學理念和那些兩千多年來都尚無滿意解答的問題上。例如本章千年難解的重點就是要找出微明、魚、國之利器三者間的關係，否則整章沒辦法懂。首先問大家，何謂微明？

　　就是前面幾句：「將欲歙之，必固張之。將欲弱之，必固強之。將欲廢之，必固興之。將欲奪之，必固與之。是謂微明。」

　　那柔弱勝剛強屬不屬於微明？

　　「將欲弱之，必固強之」也是強弱相對，應該也屬於微明。為什麼老子卻把這句和微明分開來表述？

　　微明和道有沒有關係？

　　不問還不知道，一問才知道問題一大堆。真是越來越有意思！還是請老師講解吧。

　　這也不能怪大家，因為你們還沒有學到第四十章。讓我們先來看看第四十章講些什麼。

　　「反者道之動，弱者道之用。」和上面幾句比較看看：歙與張、弱與強、廢與興、奪與與，不都是「反者道之動」的例子？因此我們可以說，微明就是道之動。

　　那老子為何不把「柔弱勝剛強」歸入到微明？因為那正好是「弱者道之用」的實例，因此才分別列出。所以說，微明就是道之動，柔弱勝剛強就是道之用。如此微明、柔弱就和道完全結為一體。

老師真是越講越精彩！那微明和魚又有什麼關係？

還記得第二章輪扁與桓公的對話嗎？在輪扁的腦海中，隱隱約約有個無法表達的至高理念，若能講出就成了糟粕，不再稀奇。腦海有如淵，無法表達的理念，有如魚在淵中游來游去。那些能表達的理念，則如脫淵之魚，就成了糟粕，不再可貴。

微明在本章是指那些忽隱忽現、無法用語言來表達的至高理念，正如魚在淵中，恍恍惚惚捉摸不定一般。

這下就弄清楚了。那國之利器又代表什麼意思呢？

一般都注解為：國之重器不可以輕易展示於人。這種解釋可以說是一般常識，誰都知道，不需要老子來講。第二次世界大戰時希特勒特意把先進武器的殺傷威力製成影片，放給敵軍看，把敵軍嚇得魂不附體，不戰而降。雷根用虛構的「星球大戰」擊敗了蘇聯，這些實例都否定了國之重器不可以展示於人的理論。難道老子思想真是如此經不起考驗？國之利器者微明與柔弱也，兩者分別為道之動與用，都屬於道的範疇，道無形無象，恍恍惚惚，如淵中之魚，是看不見摸不著的理念，所以無法展示給人們看，能展示給人看的，就成了脫淵之魚，不再是利器。國之利器者，道之動與道之用是也。

聽後真如醍醐灌頂，茅塞頓開！謝謝老師！

第三十六章釋義　道之動與用（一）

將欲歙之，必固張之。

要收斂一樣事物，必先要伸張它。

將欲弱之，必固強之。

想要弱化一樣事物，必先要強化它。

將欲廢之，必固興之。

想要廢除一樣事物，必先要讓它興旺。

將欲奪之，必固與之。是謂微明。

想要奪取一樣事物，必先給對方一些利益，讓其取之。這叫作微明。（以上皆為反者道之動的例證，微明就是反者道之動的意思。）

柔弱勝剛強。

柔弱可以戰勝剛強（弱者道之用）。

魚不可脫於淵，國之利器不可以示人。

魚不能離開淵而存活，有如國之利器（微明與柔弱，即道之動與用，皆為國之利器），不是不能而是根本無法展現給他人看。（參閱第二章「輪扁與桓公對話」）

第三十七章

【原文】

道常無為而無不為
侯王若能守之萬物將自化
化而欲作吾將鎮之以無名之樸
無名之樸夫亦將無欲
不欲以靜天下將自定

【問題討論】

這是《道德經》上篇《道經》的收官之作，有沒有什麼不懂的地方？

老師，「無名之樸」的「樸」和第三十二章的「道常無，名樸」的「樸」是不是同樣？

你們能把這兩章合在一起看，實在不容易！我們來做個比較。

第三十七章：侯王若能守之，萬物將自化。

第三十二章：侯王若能守之，萬物將自賓。

自化與自賓意思相近。無名之樸即道之樸。無名者道也，凡遵照道的法則存活之原始事物，皆可謂無名之樸。這兩章所講的「樸」，均為道之樸，所以兩者相同。

世界就是由「我與非我，內在與外在」所組成的，針對這兩個問題，老子提出了他的解決之道，對外用無為而無不為的方法，所以才說：「道常無為而無不為。侯王若能守之，萬物將自化。」對內則主張無欲，故曰：「化而欲作，吾將鎮之以無名之樸。無名之樸夫亦將無欲。不欲以靜天下將自定。」

第三十七章釋義　無為治物無欲鎮己

道常無為而無不為。

道行事常以無為作為準則，且能達到無不為的效果。

侯王若能守之，萬物將自化。

居上位的侯王如果能遵守無為而治的原則來治理，萬物也將與時俱進，各取所需，各展所長。

化而欲作，吾將鎮之以無名之樸。

萬物自化後又開始想要有新的作為，此時我就會用無名之樸來鎮住這些欲念。

無名之樸夫亦將無欲。

無名之樸即道之樸。無名者道也，凡遵照道法則存活之原始事物，均為無名之樸。無名之樸為一切事物自化之始，此時一定要做到無欲。

不欲以靜天下將自定。

去除欲望，致虛極守靜篤，萬物各復歸其根，天下將自然太平，達到萬物靜觀皆自得的理想境界。

第三十八章

【原文】

上德不德是以有德
下德不失德是以無德
上德無為而無以為
下德為之而有以為
上仁為之而無以為
上義為之而有以為上禮為之而莫之應則攘臂而扔之
故失道而後德失德而後仁
失仁而後義失義而後禮
夫禮者忠信之薄而亂之首
前識者道之華而愚之始
是以大丈夫處其厚不居其薄
處其實不居其華故去彼取此

【問題討論】

第三十八章是《道德經》下篇的第一章，起首就言明主題為「德」，因此在閱讀下篇遇到困難時不妨想想，該困難是否和「德」有關。

讀完本章後，你們有什麼心得或問題？

這一章主要在陳述老子對倫理的看法，並理出倫理的先後順序，使人能有所遵循。但是這個「德」字應該怎麼理解？

講得很好！這個「德」字就是得到的意思。據此前兩句可注解為：

得之上者乃無為、無欲之得，以不得為得，故曰有德。

得之下者，不願失去所得，故而有為，是謂有為之得，是以無德。

接下來解釋兩者的區別：上德指的是無為之得；下德指的是有為之得。至於仁義禮大家都懂。本章最難解的就是「上禮為之而莫之應，則攘臂而扔之」。你們的參考書是怎麼注解的？

用禮來治理也反應不佳，便伸出手臂來，引人就範。

能理解嗎？

有些不懂。既然講禮，怎能強引人就範？

這句不能從字面，而要從當時的社會背景來評斷。

首先要知道「攘臂而扔之」是扔什麼，是要把人扔掉還是把理念扔掉？

坊間大都認為是想引人就範而非把理念扔掉。

「失道而後德，失德而後仁，失仁而後義，失義而後

禮。」請問失禮而後是什麼？

中國人講禮法，難道是失禮而後法？

老師也是這麼想！由這句話可以推測，當時法家還沒有形成，整個社會是以禮來治國。老子認為「夫禮者，忠信之薄，而亂之首」。禮既為亂之首，自當棄而扔之。孔子重視禮教，以禮樂治國，上禮為之而莫之應，那時法家尚未形成，故僅言及禮而止。禮既無效，不知何以為繼，還不如回到道德治國的時代，故攘臂而扔之。由此看來「攘臂而扔之」是扔掉那些不合宜的理念，而不是引人就範，或許這也是老子出函谷關的緣由。所以這句話可以解釋為：禮之上者主張以禮來規範行為，民眾也不理會，於是就攘臂憤而將禮拋棄。

我也常自問，用仁義禮法來治國，我們還可以想像。但以道、德來治國的社會，會是個什麼樣的社會？還能否從現代人生活中找到往昔的蛛絲馬跡？

估計應當更好，但這似乎也太超越我們的想像了。

這個問題老師也想了很久，最後找到了答案。大家都知道，在中國把好的官員稱之為「父母官」。由此就能看出，中國人的治國理念就是治家理念的放大。雖然已經不再全用道德仁義禮來治國，但家庭卻還將此保存了下來，可以說治家就是中國人治國的縮影，以道治國僅能用於自己對自己一個人而言，以德治國指的是夫妻相處之道，以仁治國指的是父母對待子女而言，以義治國指的是兄弟姐妹、朋友之間所講的義氣，對外人或普通人則講究禮，對犯錯之人則用法。

第三十八章釋義　愚之始

上德不德，是以有德。

德之上者不求德，凡事無欲無求，是以有德。（上德指的是無為之得。）

下德不失德，是以無德。

德之下者，怕失去德，想盡辦法保住德，反而無德。（下德指的是有為之得。）

上德無為而無以為。

德之上者尚無為，以「無」為其根本，為其用。

下德為之而有以為。

德之下者想有所作為，以「有」為其根本，為其用。

上仁為之而無以為。

仁之上者乃無私無我，無所偏私，雖為有為，卻仍能以「無」為用。

上義為之而有以為。

義者宜也，能分辨事理，故義之上者以「有」為其根本，為其用。

上禮為之而莫之應，則攘臂而扔之。

禮之上者主張以禮來規範行為，效果不彰，民眾也不理會，於是就攘臂憤而將禮拋棄。

故失道而後德，失德而後仁。

是故道失其用後就產生了德，德失其用後就產生了仁。

失仁而後義，失義而後禮。

仁失其用後就產生了義，義失其用後就產生了禮。

夫禮者，忠信之薄，而亂之首。

禮一出現就代表社會上的忠信風氣越來越薄弱，亂象漸生。

前識者道之華而愚之始。

主張以「有」為用者，自以為比眾人先進，其實只看到道的表象，愚昧就由此而生。

是以大丈夫處其厚，不居其薄。

因此大丈夫立身處世當以忠信為本，遠離澆薄的禮教。

處其實不居其華，故去彼取此。

凡事當以無為之道（即道之實）為重。不去追求有為（即道之華）華飾之表象。

因此應當遠離禮教，去其薄華，選擇回歸到厚實。

第三十九章

【原文】

昔之得一者天得一以清地得一以寧

神得一以靈谷得一以盈萬物得一以生

侯王得一以為天下貞其致之

天無以清將恐裂地無以寧將恐發

神無以靈將恐歇

谷無以盈將恐竭

萬物無以生將恐滅

侯王無以貴高將恐蹶

故貴以賤為本高以下為基是以侯王自謂孤寡不穀

此非以賤為本邪非乎

故致數輿無輿不欲琭琭如玉珞珞如石

【問題討論】

　　首先要知道「一」字是什麼意思。誰可以告訴大家？

　　那「一」字肯定是指道了。

　　對！一者道也，既為物所得，則謂之得一（得道），此處之一即由道化生為德。唯道與德同源而不同體，同出而異名，甚不易分辨，更難於表達，故用「得一者」代表道已進入物體內，化為生命之德。王弼注「德者得也」，其意即為德者得道也。

　　下面這部分才是最關鍵的：

　　「故貴以賤為本高以下為基是以侯王自謂孤寡不穀此非以賤為本邪非乎！」

　　請問網上是怎麼標注句讀的？

　　故貴以賤為本，高以下為基。是以侯王自謂孤寡不穀。此非以賤為本邪？非乎？

　　這也通順。請問，老子是贊同還是反對「貴以賤為本，高以下為基」的觀念？

　　應該贊同才對。

　　寫這本書時，是只有老子一人在場，還是有他人加入？

　　寫書時應該是老子獨自一人，靜靜地細思慢想，沒有旁人打擾。

　　假設老子在和友人討論時，偶爾也會有人提問，但老子未將發問者的姓名記錄下來，只記下了問題。有沒有可能？

　　這點還從未想過。不過老子在函谷關做客，沒有自己的

書房，一定會有人伺候。老子又是當時的名人，有些重要人士在場談論也不足為奇。

若寫這本書時，除老子外還有其他人加入，意思就全變了。讓我試著恢復當時可能的對話場景：

老子提到缺一後的各種危險情景，當他講到「侯王無以貴高將恐蹶」時，估計正好有侯王或者其僕從在場，聽後嚇了一跳，立刻問道：

「故貴以賤為本，高以下為基。是以侯王自謂孤寡不穀。」

老子一聽，發覺所問與主題無關，故而回答：「此非以賤為本邪。非乎！」

第二種可能性：觀者問：「故貴以賤為本，高以下為基。是以侯王自謂孤寡不穀。此非以賤為本邪？」

老子答：「非乎！」

一經有人加入提問，把肯定語氣完全變為否定。這是不是也有可能？

真妙！現在才感受到標點符號的威力，好像在變魔術。

由於文中加入了發問的人，標點符號也隨之改變，就改變了整個意思。請問如何才能證明老子認為「貴以賤為本，高以下為基」這句話與主題無關？

不知道，還是請老師講吧。

答案就在最後一句話：「故致數輿無輿，不欲琭琭如玉珞珞如石。」這也是千年難解的公案之一。老師就提出自己的心得，和大家分享。

老子舉天、地、神、谷、萬物、侯王為例，強調得「一」

178

的重要性，以及失去「一」的後果。當老子以自然為例時，都沒有問題。但一講到「侯王無以貴高將恐蹶」時，在場的估計有侯王頓時聯想到，可能自己的權力也會被奪走，有感而發此問：「貴以賤為本，高以下為基。是以侯王自謂孤寡不穀。此非以賤為本邪？」本句的意思就是說，要想保住權位，就應當謙下，這不就是以賤為本最好的例子嗎？

老子回答說：「非乎！」

為什麼老子不贊成這句話？因為這句話完全離開了本章的主題「得一」。侯王若能「得一」，就能得到天下的擁戴，這與侯王自謂孤寡不穀的帝王之術無關。「貴以賤為本，高以下為基。是以侯王自謂孤寡不穀」是帝王之術，是外在的表現。而「得一」卻決定萬物內在的品質，是決定善與惡、戰爭與和平的關鍵。

接著老子又說：「故致數輿無輿，不欲琭琭如玉珞珞如石。」坊間多是依據外在的帝王之術來注解：「不願像高貴玉石一樣高高在上，寧願像低賤的沙石一般謙卑自守。」這樣一來就無法解釋「故致數輿無輿」，因此就有許多學者把這句改寫為「故至譽無譽」。但這就和主題「得一」毫無關係了。

若從「得一」的觀點出發，就能全按原文來注解，不需更改字句：「不願滿載數車高貴的玉石（貴、高）和眾多的砂石（賤、基），缺少了一，就等於一車都沒裝。」以此結尾則能與「得一」之主題前後呼應，這也合乎老子的寫作風格。

綜上所述，可以揣測出老子的答案應該是：「非乎！故致數輿無輿，不欲琭琭如玉珞珞如石。」貴賤高下均為智者

所制定出的繁文縟節，而老子則主張不尚賢，不貴難得之貨，故有此言。「得一」才是所有問題的關鍵。

第三十九章釋義　得一俱足

昔之得一者，天得一以清，地得一以寧，

一者道也。往昔有不同的事物得到一，天得到一就能清濁分明，地得到一就能安寧。

神得一以靈，谷得一以盈，萬物得一以生，

神為引出萬物者也。神得到一，就能引出萬物，故靈。泉出通川為谷。谷得到一，其泉自能通川滋潤萬物，故而充盈。萬物得到一，就得到了生命。

侯王得一以為天下貞，其致之。

侯王得到一就能匡正天下，成為天下的表率。這些都是靠得到一，才能至此。

天無以清將恐裂，地無以寧將恐發，

（筆者加入旁白：若失去了一會怎麼樣？）

天若失去了一，則清濁不分，混沌復現，恐怕就會散裂。地若失去了一，則無法寧靜，大地恐會導致災難。

神無以靈將恐歇，

神若失去了一，則失其靈，無法再引出萬物，萬物將恐歇息。

谷無以盈將恐竭，

谷若失去了一，其泉無法通川，故而失其盈，其泉亦恐將枯竭。

萬物無以生將恐滅，

萬物失去了一，則無法生存，恐將面臨滅絕。

侯王無以貴高將恐蹶。

侯王若失去了一，則不會再受到尊崇，恐會被推翻。

故貴以賤為本，高以下為基。是以侯王自謂孤寡不穀。此非以賤為本邪？

（某問：）故貴以賤為根本，高以下為基石。所以侯王多自稱為孤、寡、不穀。這不就是以賤為本嗎？

非乎！

（老子答：）不是！

故致數輿無輿，不欲琭琭如玉珞珞如石。

所以不願滿載數車高貴的玉石（貴、高）和眾多的砂石（賤、基），缺少了「一」，就等於一車都沒裝。（貴賤高下

均為智者所制定的繁文縟節，而老子則主張不尚賢，不貴難
得之貨，故有此言。「得一」才是所有問題的關鍵。）

【要點提示】

要想瞭解老子，一定要先理清前後文的關係，確定人物
的角色，才能確定斷句的方式。

本章可以說是老子在和幾位賓客對話。第一段講得到
「一」的種種美好成效，並以「侯王得一以為天下貞，其致
之。」作為總結。第二段講到失去「一」的可怕後果，並以
「侯王無以貴高將恐蹶」作為結束，讀後總覺此處缺少與
「其致之」相應的三個字，應該加入「侯王無以貴高將恐
蹶，其失之。」

對照這兩段的句型就會發現，第一段以「其致之」作為
總結。但第二段僅以「侯王無以貴高將恐蹶」作為收場，卻
少了與「其致之」能對應的總結。或許老子正想講「其失
之」來收場，估計賓客中有侯王或其僕從在場，一聽到「侯
王無以貴高將恐蹶」時就被嚇到，突然插問：「故貴以賤為
本，高以下為基，是以侯王自謂孤寡不穀，此非以賤為本
邪！」。老子一聽，所問與主題無關，就跳過原來想講的
「其失之」，直接回答賓客的問題：「非乎！故致數輿無輿，
不欲琭琭如玉珞珞如石。」結束全文。

以上這段對話場景，全憑自己的想像，並不一定正確，
僅供大家參考。

第四十章

【原文】

反者道之動
弱者道之用
天下萬物生於有
有生於無

【問題討論】

我們在第三十六章就討論過「反者道之動,弱者道之用」。接下來的兩句談到「有」與「無」。有誰知道「有」、「無」是什麼?

無一定是道了。至於有是什麼就不太清楚了。

請看第三十九章:德者得也,無得則無有,有得則謂之有,故有者德也,萬物得一以生。

道與德同屬一物,僅有表裡之分。道居外,德居內;德有,道無。

「天下萬物生於有,有生於無」還有另外一種解釋,僅供大家參考。

「有」就是物質,沒有物質就沒有形體。沒有形體,道則失其處所,失其用矣。據此,我們可以從「有」、「無」兩方面來詮釋:

天下萬物生於德,德源自於道。(從無的觀點來分析)

天下萬物源自於有形體的物質,物質的生命源自於「道之沖」。(從有的觀點來分析)例如現代的理論認為,地球源自於星球大爆炸。這就符合老子所言:「天下萬物生於有,有生於無」。

第四十章釋義　道之動與用（二）

反者道之動，

　　道之動往往反其道而行。

弱者道之用。

　　道以柔弱為用。

天下萬物生於有，

　　有者德也，天下萬物有了德，方有了生命。

有生於無。

　　無者道也，有則源於無。（德源於道也。）

【要點提示】

　　「反者道之動」，例如，道為正，反則為其動。繼續思考下去，反之再反是什麼？有人稱它為合。正、反、合就成了現代的唯物辯證法，而老子認為合也只是反的一種，不需另外取名為合。若將正當作一來看，正之反則為二，反之再反則為三，三中含有一或二的元素。三之反可稱其為四，四中則含有一、二、三各種元素組合的可能性。如此類推下去，永無間斷，這就是老子反者道之動的含義。細思之，

「反者道之動」就是創新的意思。由此看來「反者道之動」、「正、反、合」、「創新」都是同出而異名，後二者都是「反者道之動」的延伸解釋。

第四十一章

【原文】

上士聞道勤而行之中士聞道若存若亡
下士聞道大笑之不笑不足以為道
故建言有之明道若昧進道若退夷道若纇
上德若谷大白若辱廣德若不足建德若偷
質真若渝大方無隅大器晚成大音希聲大象無形
道隱無名夫唯道善貸且成

【問題討論】

第四十一章老子寫得很幽默,「下士聞道,大笑之。不笑不足以為道」。接著老子講述道的各種特性,證明不笑不足以為道。最後才說出真心話「唯道善貸且成」。這一章的文句都能看懂,艱澀的字也不多。但若要舉出實例來說明,就難上加難。先看你們有什麼問題。

老師,什麼是建言?

慚愧!這下給你們問倒了,老師回答不了。只好硬著頭皮勉強回答。我不敢負責正確,僅提供一種思考的可能性。古人講三不朽:立德、立功、立言。老子那時文字尚未統一,可能也有地方把三不朽講成:建德、建功、建言。請看文中也提到建言和建德,卻未提到建功。或許老子主張無為,功成而弗居,故無功可建。小時候常讀「昔時賢文」,內容都是古聖先賢留下的智慧名言。或許建言可以解釋為「昔時建言」?總之這些僅供參考。因此釋義中我只寫了「建言有言」。還請大家多多包涵!

那建德若偷又是什麼意思?

你們又問到關鍵問題了!由於它是個獨立的句子,並不會影響到全文,就像那句「建言有之」一樣,因此很少人去關注它。這句話也是測試自己道行的,從你聽了這話的反應,就能看出你是上士、中士還是下士。請問各位讀了「建德若偷」這句話時的反應是什麼?勤而行之、若存若亡還是想大笑?

由於不懂這句話的意思，就無法勤而行之，只能說是若存若亡。直覺上這句話有點怪異，覺得這話不太可能，是有些想笑，令人懷疑是否抄錯了。

　　建立德行有如偷竊，聽了這句話，即使不敢笑老子，多少也會懷疑其正確性，對吧？「建德若偷」這句話比絕聖棄智還難理解。網上和坊間多把建德解為健德，偷字解釋為偷惰。全句解釋為：「剛健之德有若偷惰。」這句也一直困擾著我，德與偷到底有什麼關係？老子既然用了「偷」字，一定有他的用意，只是我們不瞭解罷了。

　　理解這句話我花了將近兩年，在瞭解絕聖棄智後才想通。偷就是未經許可，把別人的東西，變為自己的東西，不讓對方知道。在絕聖棄智那章老子主張別去效法聖人，應該直接效法天地。何謂天地之德？就是能做到「不自生」，故能長生。是以聖人後其身而身先，外其身而身存。「不自生」就是建德若偷的最佳範例。天地並沒向萬物索取或偷竊，而是萬物自願奉上，共同成就了天地之大德，「偷」得讓萬物心服口服，故曰：「建德若偷。」現在你們懂了這句話，會不會想大笑？

　　原來是這個道理！老子真是大智若愚，真夠幽默！

　　除了天地外你們能不能再舉出一個建德若偷的例子？

　　老師，無為而無不為，能不能算？

　　回答得很好！一開了竅，才發覺到處都是建德若偷的例子。再給大家一個最有名的例子，請看月亮自己不發光，而是「若偷」太陽光來發光。

真是妙！老師，最後一句「夫唯道善貸且成」我們看不懂，是什麼意思？

這裡又能看出，若不瞭解道德的關係，就沒法解釋這句話。首先要知道，道貸什麼東西？貸給誰？還有道成就了什麼？老師的看法是，道把它自己化為德，借貸給萬物，成就了生命。請注意！道並不是把德送給萬物，只是把德借給萬物使用。當萬物的形體死去，道又會把德收回。這是一種借貸關係，而非贈與，故曰「夫唯道善貸且成」。

第四十章提到「反者道之動」，本章也舉出了許多不同的例子為證。

第四十一章釋義　正道若反

上士聞道，勤而行之。中士聞道，若存若亡。

上等人聞道，領悟極深，就會奉行不懈。中等人聞道，一知半解，感覺似有若無。

下士聞道，大笑之。不笑不足以為道。

下等人聞道，認為荒誕至極絕不可能，便會大笑。這種人若不笑，反而無法證明那就是道了。

故建言有之，明道若昧，進道若退，夷道若纇，

故建言有言：明道者反若昏昧，以昧為明。進道者反若退，以退為進。道本平順易行，人卻視其為崎嶇難行。

上德若谷，大白若辱，廣德若不足，建德若偷，

道、天、地、水，谷完全具備。谷為元牝，為天地根，故曰上德若谷。大白若辱，守辱則榮。

地之德能承載萬物，是謂廣德。來者不拒，多多益善，有若不足。故曰廣德若不足。

若偷者，取他人之物為己用，也可算是一種偷。天地不自生，靠借萬物之助而生。此乃「偷」借萬物之力，成就天地自身之德。被偷者也樂意被「偷」。故曰：建德若偷。

質真若渝，大方無隅，大器晚成，大音希聲，大象無形。

質樸純真者反而看似渾濁易變。大方應是沒有棱角，有角則顯不出其大。大器者必為集大成者，能集大成者必能奉行後其身而身先，外其身而身存之道理，故晚成。

大音聽之不聞其聲。

大象視之不見其形。

道隱無名，夫唯道善貸且成。

道本無形無象故隱，無形無象自無法名之，故無名。

只有道善於施貸，善貸者，施德於萬物也，並不是只為救急，而是一貸則足以永終其德，成就新的生命。生命結束時，德復歸還於道，故曰貸而不曰施予。

第四十二章

【原文】

道生一一生二二生三三生萬物
萬物負陰而抱陽沖氣以為和
人之所惡唯孤寡不穀而王公以為稱
故物或損之而益或益之而損
人之所教我亦教之
強梁者不得其死吾將以為教父

【問題討論】

這章是全書的重中之重，第三十九章有言，「天得一以清，地得一以寧」。這章就是老子的宇宙論，也是《道德經》中的「一」，得「一」則清，缺「一」則濁。少了它，《道德經》就不能稱為天下第一奇書。「道生一，一生二，二生三，三生萬物」，這句話大家常掛在嘴邊，一旦問起什麼是一、二、三時，大家都各說各話，怎麼都講不清楚。

老師，那您認為什麼是一、二、三？

老子的宇宙論分為兩個部分，第一部分講述道和天地的生成，第二部分講述萬物生命的由來。這裡僅和大家談談生命的起源，暫且不談宇宙的起源。

要想知道生命的起源，先要知道萬物構成的基本要素，所以先得瞭解第二句「萬物負陰而抱陽，沖氣以為和」的含義才行。你們知道這句是什麼意思嗎？網上是怎麼解釋的？

解釋為萬物背陰而向陽。陰陽二氣相互激盪，從而產生和氣（或曰：從而合成形體）。

看得懂嗎？能舉出一個實例來嗎？

看不懂，也沒辦法舉出實例。

「萬物負陰而抱陽，沖氣以為和」，萬物都由陰陽兩個部分組成，周邊實體為陰、為地、為靜，陽居於實體（陰）之內故曰（陽）負陰；體內虛處為陽、為天、為動，全為陰所環抱，故曰（陰）抱陽。此時之陰陽尚無生命，及至（道）沖氣進入陰實體內的陽虛之處，而變為德後，萬物才

開始有了生命。此即沖氣以為和，實、虛、道（德）三者和，而成萬物。這個理論和《聖經》中記載神造人的理論如出一轍：神用地上的泥土造人（負陰），在他鼻孔裡（抱陽）吹入生氣（沖氣），他就成了有靈的活人（以為和）。

這樣就清楚多了，也看得懂了。

現在就可以來談談什麼是一、二、三了。

道生一，此一即德。

德無法單獨存在，必需與無生命的形體結合後，方能成就生命，無德就沒有生命。道和德有何不同？道在進入形體之前，可稱為道，但一進入形體之後，就不能再稱為道，而更名為德，故曰：此兩者同出而異名（參閱第一章）。道的本質也在此時產生了根本上的變化，從原本具備化生萬物的功能，轉變為畜養萬物，從原本盈滿的狀態轉變為不盈滿。道化生為德後，就離形體而去，是謂功成身退。故曰：道生之，德畜之。此一重大的變化，就是整個道化生為德的過程。道生一，此一即為德，德乃是道合天地之大成。

一又如何生二？天地人等萬物初始都還沒有生命，只有形體，不同的形體會形成不同的屬性，例如風吹過不同大小的孔穴，會形成不同的聲響，洞小者音高，大者音低。道進入不同的形體，也會形成不同的生命，進入陰體就成牝、雌，進入陽體就為牡、雄。此為一生二。由此可知，道本身不分陰陽雌雄，而萬物形體則有陰陽雌雄之分。雌雄、牡牝的生成，是由陰實之形體來決定的，而不是由道或德來決定的，故曰：物形之。反之，若道能決定萬物之雌雄，那萬物和道之間就永無寧日。這就是一生二的理論基礎。

老師，為什麼萬物和道之間就永無寧日呢？

因為有決定權，就會有紛爭。若道有決定雌雄的權力，有些雄性會抱怨，為什麼道沒把它們變為雌性；或雌性也會埋怨，為什麼不是雄性等等。如此一來，永無寧日。從這個例子就能瞭解，原來最高的權力就是無權，無權乃至權。

二生三是指陰陽雌雄首次合體，衍生出的第一代。如此代代相傳，綿延不斷，是謂三生萬物。

以上就是整個生命造化的過程。在二生三以前，都屬於先天，不是我們可以決定的。從二生三以後，是謂後天。萬物各自繁衍其生命，生生不息，永無休止，即所謂勢成之。

在自然之中，道、天、地、人的相互作用，而產生無窮的變化，這就是老子的萬物生命起源論。

唉！兩千多年來多少專家學者研究老子，都無法理出老子的思想精華，更不知道生命從何而來。老子真是太偉大了！只用了幾句話，就把全世界最難解的問題說明清楚了。「道生一，一生二，二生三，三生萬物。萬物負陰而抱陽，沖氣以為和。」老子真是世界的奇人。

談過老子的生命起源論後，接下來的四句似乎與上文毫無關係。我雖然試著找出其與主題之間的關係，卻始終沒有發現。

「人之所教，我亦教之」，大家所教的東西都有同樣的目標，希望做到最好，只是方法不同而已。

「強梁者不得其死，吾將以為教父」，剛強之人不得好死，我則教以「弱者道之用」，以柔克剛為教父。

第四十二章釋義　創世記

道生一，一生二，二生三，三生萬物。

道生一，此一即德。

德無法單獨存在，必須與形體結合。德入陽體成陽男，入陰體為陰女，此為一生二。

陽男陰女初合而子女生，是謂二生三。由三再生成萬物。

萬物負陰而抱陽，沖氣以為和。

萬物皆由實體陰和虛體陽所構成，此即負陰而抱陽。（此時陰陽之體尚在無生命狀態。）

沖氣以為和就是指道沖入形體後，變為德。陰陽虛實與德沖合為一體，成就了新的生命。

人之所惡，唯孤寡不穀，而王公以為稱。

人所厭惡的就是孤、寡、不穀，而王公們卻喜歡以此來稱呼自己。

故物或損之而益，或益之而損。

因此有些事物是損之反而有益，有些則是益之反而受損，全看情況而定。

人之所教，我亦教之，

世人所教的，我也教，只是方法不同。世人教人以剛強，我則教人以「弱者道之用」。

強梁者不得其死，吾將以為教父。

　　剛強之人不得善終，我將以「弱者道之用」，以柔克剛
為教父。

【要點提示】

　　西方的宗教本於神話，中國的自然信仰則根植於中國哲
學。老子的創世理論分為兩個部分，第一部分講述道和天地
的生成，第二部分講述萬物生命的由來。詳見總論中的老子
宇宙論、老子生命起源論。

第四十三章

【原文】

天下之至柔馳騁天下之至堅
無有入無間吾是以知無為之有益
不言之教無為之益天下希及之

【問題討論】

本章講述柔與無為之益和不言之教，這些在上篇《道經》中都已經討論過，於此就不再重複。

閒與間同。

第四十三章釋義　無為之益

天下之至柔馳騁天下之至堅。

天下之至柔可以駕馭天下之至堅。

無有入無閒，吾是以知無為之有益。

「無有」能無處不入，「無有」不可窮，因此我能知道，無為之有益也。

不言之教，無為之益，天下希及之。

不言之教誨和無為之好處，天下很少有人能做到。

第四十四章

【原文】

名與身孰親
身與貨孰多
得與亡孰病
是故甚愛必大費多藏必厚亡
知足不辱知止不殆可以長久

【問題討論】

本章所述相信你們都能看得懂。只有「知止不殆」的「知止」在第三十二章可以當作「停止有為」來解釋，在此處則是「為而不爭」的意思。

第四十四章釋義　大愛必費

名與身孰親？

尚名好高者，易忽略身體，名與身哪樣更親？

身與貨孰多？

貪貨無厭必然會忽略身體，身與貨哪樣分量更多？

得與亡孰病？

得到名利和奇貨，但賠上了生命，哪樣較有害呢？

是故甚愛必大費，多藏必厚亡。

所以愛之愈甚，必然耗費愈多。貪貨無厭，多藏必多失。

知足不辱，知止不殆，可以長久。

知足者常樂，不取不當，故不辱。知止即為不爭，唯其不爭所以不會遇到危險，是乃可以長久。

第四十五章

【原文】

大成若缺其用不弊
大盈若沖其用不窮
大直若屈大巧若拙大辯若訥
躁勝寒靜勝熱
清靜為天下正

【問題討論】

何謂大成若缺？何謂大盈若沖？

大成若缺就是最完滿之物若有欠缺。大盈者能始終不斷釋放出能量。

能不能舉個實例？

不知大成是否和儒家有關。若有關，那就是能集大成者的孔子，所以孔廟中最大的殿都叫「大成殿」。大盈若沖的例子就不知道了。

你們說得對。從儒家觀點來看，孔子確實做到了大成。能否舉一個道家的例子？

若孔子為大成的代表，那道家集大成者一定是老子。

老子是絕對不敢接受如此稱號的，因為他主張絕聖棄智，大成指的就是天地。大成若缺和第四十一章大器晚成的意思是相同的。大器者必為集大成者，能集大成者必能奉行「後其身而身先，外其身而身存」之道理，故始終若缺。大盈者道也，始終不停地在化生萬物，故曰「大盈若沖」。

大成、大盈也可以從道德的觀點來解釋：

能成就的事情很多，唯獨能成就生命者，是謂大成。

此唯道德堪任也。成必有其形，有形必有所缺，無形則無所缺，故曰大成若缺。

大盈者道也，大盈則溢故若沖，即道沖和萬物，故其用無窮。（參閱第四章釋義）

那「躁勝寒」又是什麼意思？

在傳統醫學中有「躁罷然後能驅寒使之清」之說。躁金可以勝腎寒，寒卻無法勝躁。

「清靜為天下正」是什麼意思？

天得一以清，地得一以寧，寧為安定或靜的意思。因此「清靜為天下正」可解釋為：天清地靜可以為天下的楷模。

第四十五章釋義　德曰大成道曰大盈

大成若缺其用不弊。

大成者天地是也，不見其象為大，大成者隨物而成，始終無法見其本相，故若缺，而其功用在任何時候都毫無差失。

大盈若沖其用不窮。

大盈者道也，盈則溢則沖，充（沖）溢而不減，是謂大盈，其功用則無窮。

大直若屈，大巧若拙，大辯若訥。

屈者成長之象，永無間斷地成長是謂大直。

王弼：大直者能「隨物而直，直不在一故若屈也」。

（萬物始生，其形皆屈而不直。此處屈可代表生命之成長，永無間斷地成長是謂大直，故曰大直若屈。植物亦然，看似彎曲，其向陽則一。此向陽之直，是謂大直。）

最巧的東西看似笨拙，越用則越覺巧妙。善辯者也看似木訥不善於言詞。

躁勝寒，靜勝熱。

躁罷然後能驅寒使之清。靜則無為能制熱。

清靜為天下正。

天得一以清，地得一以寧，寧為安定或靜的意思。因此「清靜為天下正」意指：天清地靜可以作為天下的楷模。

第四十六章

【原文】

天下有道卻走馬以糞
天下無道戎馬生於郊
禍莫大於不知足咎莫大於欲得
故知足之足常足矣

第四十六章釋義　知足常足

天下有道卻走馬以糞，

　　在太平有道之世，連健壯的馬也不需上戰場，得以在田間耕作，其糞也可當肥料。

天下無道戎馬生於郊。

　　天下紛亂無道之時，連戰馬都沒法安寧地在馬廄裡生產，小馬也被迫在郊野戰場上出生。

禍莫大於不知足，咎莫大於欲得。

　　禍害莫大於不知足，罪過莫大於無止的欲望。

故知足之足，常足矣。

　　知足者富，能以知足為滿足的人，才會經常富足。

第四十七章

【原文】

不出戶知天下不闚牖見天道
其出彌遠其知彌少
是以聖人不行而知不見而名不為而成

【問題討論】

能自己讀得懂嗎？

老師平常都鼓勵我們，讀萬卷書行萬里路。老子為什麼會說「其出彌遠，其知彌少」？

這一章又和我們的認知背道而馳。平常我們重視的知，要靠努力學習才能獲得。可是老子強調的知，是從不言之教所獲得的「明」。有為者重視讀萬卷書行萬里路，其所見皆為他人之明，而非自得之明，只能算是抄襲模仿別人，無助于創新。不言之教是以天地為師，無論走到哪兒，天地的原理原則都一樣，故有此言。比如：瓦特在家中看到蒸汽可以推動壺蓋，改良了蒸汽機；牛頓在蘋果樹下發現了地心引力；德國大哲學家康德一輩子沒離開過他所居住的城市，卻能寫出深奧的哲理；道士張三丰觀鵲蛇互鬥而悟出太極拳，這些例子俯拾皆是。老子認為生活中處處都可以學習，不需遠行，重要的是能悟，悟就是創新。

老子追求的是明而不是智。知常曰明，常就是恆久不變之理，因此才有「不出戶知天下」等語。

第四十七章釋義　不行而知

不出戶，知天下。不闚牖，見天道。

不出門能知天下事；不用開窗觀天，也能知曉天道之變化。

其出彌遠，其知彌少。

出門愈遠，所見愈多，真知則愈少。

是以聖人不行而知，不見而名，不為而成。

因此聖人不需遠行，也能獲得其知；不見物之形象，也能道出事物之常理；以無為治事也能成功。

【要點提示】

這裡的聖人指的是能法天地而創新者，完全和君王無關。

第四十八章

【原文】

為學日益為道日損
損之又損以至於無為
無為而無不為
取天下常以無事
及其有事不足以取天下

第四十八章釋義　學益則道損

為學日益，為道日損。

為學者靠有為努力學習，得以日日進步。而修道者則期盼自己的作為能日日減少。

（靠有為學得越多，離無為之道就越遠。）

損之又損，以至於無為。

減之又減，最終達到無為。

無為而無不為。

依據無為的原理去辦事，所有的事也都能做成。

取天下常以無事，

無為則無所失，故常以無為治事，才能取得天下。

及其有事，不足以取天下。

等到有為治事之時，就開始經營管理，規範越多，缺漏就越多，此法不足以取天下。

【要點提示】

上一章談到知，本章則談到行，無論知與行都有著共同的目標：無為而無不為，無為治事則無不成。

第四十七、四十八章有一個共同點，就是絕聖棄智，所以不贊成學聖人或學已知的智慧。學習是沒有時空限制的，一切當法天地之無為與不言之教，從而悟出自知之明。孔子亦云：「生而知之者上，學則亞之，多聞博識知之次也。」

第四十九章

【原文】

聖人無常心以百姓心為心
善者吾善之不善者吾亦善之德善
信者吾信之不信者吾亦信之德信
聖人在天下歙歙為天下渾其心
聖人皆孩之

【問題討論】

本章不太容易理解。「善者吾善之，不善者吾亦善之，德善」，能懂嗎？

讀了那麼多老子的章節，漸漸習慣了他的講法，都得從「反者道之動」的方向去思考。看似容易，就是沒法想透，老子究竟想講什麼？

善與不善同出而異名，不同的觀點造成不同的答案。有如勝者為王敗者為寇，凡藥三分毒，若能治病就是好藥。故曰：不善者吾亦善之。主要是強調，不能有分別的意識，和而不同是謂大同。比較難懂的是最後一句「聖人皆孩之」，你們覺得應該如何解釋？

王弼注解的意思是說，聖人治理百姓，有如看待嬰兒一般，希望都能達到和而無欲，使百姓之真情得以舒展。（嬰兒無為無欲故得善得信。）

這樣解釋當然可以。在第十九章中我們討論過老子對孝慈的看法，慈就是無我。「善者吾善之，不善者吾亦善之，德善」就是慈的表現。第六十七章有言「天將救之，以慈衛之」，老子之慈用之於家，就是父母應該以慈來對待子女。聖人亦然，以慈衛其子民，故曰「聖人皆孩之」。這是老師的看法，供大家參考。

本章之聖人應和統治者有關。

第四十九章釋義　以慈衛民

聖人無常心，以百姓心為心。

聖人在治國時無恆常之心，以百姓之心為心。

（百姓之心不必盡同，但聖人對待百姓的方式卻如水，始終如一，就是使民和而無欲。）

善者吾善之，不善者吾亦善之，德善。

善者，我善待他；不善者，我也同樣善待他。如此方能得到善。（此即第八章中的「與善仁」，好壞均一視同仁。）

信者吾信之，不信者吾亦信之，德信。

守信者我相信，不守信者我也相信，如此才能得到信。

（有如第五章所言「天地不仁」，以此渾民心。若對不善者不善，對不信者不信，則爭訟不斷。）

聖人在天下，歙歙為天下渾其心，

聖人之於天下，要收斂他自己的看法，不分賢愚貴賤，奉行水「與善仁」的做法，使天下人的心思歸於淳樸。

聖人皆孩之。

聖人遵循天理「天將救之，以慈衛之」。老子之慈用之於家，就是父母應該以慈來對待子女。聖人亦然，以慈衛其子民，故曰「聖人皆孩之」。

第五十章

【原文】

出生入死
生之徒十有三
死之徒十有三
人之生動之死地亦十有三
夫何故以其生生之厚
蓋聞善攝生者路行不遇兕虎入軍不被甲兵
兕無所投其角虎無所措其爪兵無所容其刃
夫何故以其無死地

【問題討論】

這章沒有什麼重要的思想啟發，僅提出老子攝生之道。

老師，文中三次提到十有三，是什麼意思？

王弼注解為十分有三分，翻成白話就是十分之三的意思。

那「人之生，動之死地」又是什麼意思？

本章的主題就是「出生入死」。這句話常用來形容作戰時的情景，例如槍林彈雨、出生入死。而老子想要表達從出生到死亡，重點在討論致死的原因。

「人之生，動之死地」的「動」字，估計就是指每個人的行為或習慣，因其不當行為而致死。例如，不畏人之所畏而妄為者易死。

老子說「以其生生之厚」，這是什麼意思？

這句話的意思可以參考第五十五章「益生曰祥」，意為：生不可益，若有心益之，則其不祥可以預見。例如：過於享樂者也易死。

接下來就更難懂了。善攝生者和虎、兕、甲兵有何關係？

這也是本章較難理解的地方，這又要和第五十五章一起來看「含德之厚，比於赤子，蜂蠆虺蛇不螫，猛獸不據，攫鳥不搏。」王弼解釋為：「赤子無求無欲……含德之厚者不犯於物，故無物能損其全也。」赤子即嬰兒，無求無欲、不犯眾物就是不去惹眾物，故天上飛的，地上爬的、跑的都不會去攻擊他。

據此來看，本章就容易理解了。老子認為，善攝生者當

如赤子之無求無欲，更重要的是要能做到不犯眾物、不犯於物，就是說別去惹是生非，把自己置於死地。虎、兕在當時可算為自然災害的一種；甲兵則為人禍之大者，戰爭是也。千萬別明知山有虎，偏向虎山行，不到萬不得已千萬別發起或參與戰爭。這就是老子的攝生之道，勸人千萬別去自尋死路，天作孽猶可違，自作孽不可活。

第五十章釋義　攝生之道

出生入死，
出世為生，入地為死。

生之徒十有三，
依自然的規律，有十分之三的人能長壽。

死之徒十有三，
有十分之三的人短命。

人之生，動之死地亦十有三。
人雖生卻因其不當行為或習性而致死者，也有十分之三。

夫何故？以其生生之厚。
這是什麼緣故？多是因為過於享樂的結果。

蓋聞善攝生者，路行不遇兕虎，入軍不被甲兵，

聽說懂得養生的人，走路走在不會遭遇犀牛和老虎的路上，遇到戰事也躲開，不參與也不發動戰爭，就不會被軍隊所害。

兕無所投其角，虎無所措其爪，兵無所容其刃。

即使犀牛想用角頂他，老虎想用爪子抓他，兵想刺他，都無法得逞。

夫何故？以其無死地。

什麼原因？因為他能刻意遠離虎兕兵刃易死之地，故無物能侵，得享天年。

第五十一章

【原文】

道生之德畜之物形之勢成之
是以萬物莫不尊道而貴德
道之尊德之貴夫莫之命而常自然
故道生之德畜之長之育之亭之毒之養之覆之
生而不有為而不恃
長而不宰是謂元德

【問題討論】

本章已經在第四十二章詳細討論過。直接看釋義應該就能懂了。

第五十一章釋義　元德（二）

道生之，德畜之，物形之，勢成之。

道為天下之始、天下母，能化生萬物；德為萬物之母，能畜養萬物（道生一）。

萬物負陰而抱陽，各順其性，形成陰陽不同之體，故曰物形之（一生二）。

二生三以後屬於後天，環境助長，萬物各自繁衍，生生不息，是謂勢成之。（參閱第四十二章）

是以萬物莫不尊道而貴德。

所以萬物都把道、德視為尊貴之物。

道之尊，德之貴，夫莫之命，而常自然。

道者物之所由，德者物之所得。道、德之所以尊貴，因其既不聽命於誰，也不發號施令，而是完全效法自然而為。

故道生之，德畜之、長之、育之、亭之、毒
之、養之、覆之。

　　所以道是萬物生命之源，德是其畜養之基，助長萬物，
培育萬物，使其成形結實，各得庇蔭而不傷其體。

生而不有，為而不恃，

　　道賦予萬物生命，卻不據為己有。德撫育萬物長成，卻
不自恃己功。

長而不宰，是謂元德。

　　（道與德）為萬物之長，卻不去制約萬物，任其自然成
長，這就叫元德。

第五十二章

天下有始以為天下母
既得其母以知其子
既知其子復守其母沒身不殆
塞其兌閉其門終身不勤
開其兌濟其事終身不救
見小曰明守柔曰強
用其光復歸其明無遺身殃是為習常

【問題討論】

　　這章有很多字句都曾討論過，看看你們誰知道母和子是什麼？

　　第一章中就提到「無名天地之始，有名萬物之母。」這和「天下有始，以為天下母。」是否有關？

　　在第一章中我們曾討論過「無名天地之始」指的是道，「有名萬物之母」指的是德。本章則提到「天下有始，以為天下母」，道既為天地之始，那「天下有始」指的就是道，老子稱其為「天下母」。如此就能分辨清楚：道為天下母，德為萬物母。

　　既然道、德都以母冠名，那子會是什麼？

　　萬物是生活在天地之間，德則生活在形體之中，無法離開形體而存在。道能創造生命，德只能畜養生命，所以我們可以說：道為母，德為子。

　　既然德只能生活在形體之中，為何又要「復守其母」？

　　這是一個很好的問題。在二十一章要點提示中曾提及，德是如何創造出形體的整個過程。此時的胎兒僅為形體尚無生命，若此時道不將德沖入胎兒體內，胎兒就無法存活。若把德沖入胎兒體內，就在胎兒轉變成嬰兒的瞬間發出長嘯，宣告生命誕生。請大家留意，當道進入胎兒體內化為德時，胎兒體內產生了極大的變化。由柔軟的初生之體，突然有如沖了氣般地撐了起來。呼吸也由原來靜止的狀態，瞬間轉變成循環式的呼吸。呼吸就是道德連結成為一體的表現，這就是「復守其母」的最佳寫照。

真是太神奇了！從未聽過這樣生動的描述！那「沒身不殆」又是什麼意思？

在第十三章中曾提到「及吾無身，吾有何患？」也就是要大家能效法天地之不自生，做到無身。無身就是「沒身」，也就是把自身融入天地之中的意思，「及吾無身，吾有何患？」就是「沒身不殆」的意思。

原來「沒身不殆」就是「及吾無身，吾有何患」的意思。

老子講完「沒身不殆」後，就舉出了兩個例子。第一個例子就是「塞其兌，閉其門，終身不勤」。「開其兌，濟其事，終身不救」。知不知道「兌」和「門」的意思？

王弼註解為：「兌事欲之所由生。門事欲之所由從也。」但是還是不太能懂。

這讓我聯想到第三章「不尚賢使民不爭。不貴難得之貨，使民不為盜。不見可欲，使民心不亂」。

塞其兌：兌者悅也；說也；言也。可以解釋為：堵塞不當的理念，例如尚賢，貴難得之貨，以免引起相互之間的爭奪。此即王弼所言「兌，事欲之所由生」。因為外來的理念會影響人的行為。此即第四十八章中所言：「為學日益，為道日損」的意思。

閉其門：門主開闔進出。關閉情慾之門，不見可欲，不為外物所誘，心則不亂。此即王弼所言「門，事欲之所由從也」。

既能做到塞其兌，閉其門，終其身都能無事永逸。反之，開其兌，濟其事，終身則不得救治。

老師！習常是什麼意思？

「見小曰明，守柔曰強。用其光復歸其明，無遺身殃，是為習常」。

老子用的例子很有意思，明字可以參考三十三章的「知人者智，自知者明。」天地之知謂之明，故大；自知之明僅為個人自得之知，故小。明為自知之源，故曰「見小曰明」。柔為自強之本，故曰「守柔曰強」。據此，見小曰明，守柔曰強，可以註解為：

能見微知著者得自明，能守柔者得自強。

「用其光復歸其明」這又讓我聯想到第四章「道沖而用之」，講述了道是如何變為德的過程和道與德的不同之處。「用其光」就代表道已經進入光體變為德。「復歸其明」明就是道。以德為子，道為母，不正好就是「復守其母」的最佳寫照。能「復守其母」就能做到「無遺身殃」，謂之「習常」。

為什麼老子舉了三個例子，它們之間有沒有什麼關聯？

以上三個例子都重複強調「復守其母」的重要性，只要能做到「復守其母」每次都會得到「沒身不殆」，「終身不勤」，「無遺身殃」這類的善果，是謂「習常」。習有重複、學習的意思，常為自然之天理，「習常」即向自然之天理學習，就會得到善果。

第五十二章釋義　習常

天下有始，以為天下母。

天下之始就是天下之母，即道。

既得其母，以知其子。

既然得知其母（道），就能推知其子（萬物之德）。

既知其子，復守其母，沒身不殆。

既已知其子（萬物之德），更應回歸護守其母（即尊道而行），把自身融入天地之中，如此終其身都不會遇到危害。

塞其兌，閉其門，終身不勤。

兌者悅也；說也；言也。堵塞不當的悅己之言，例如尚賢，貴難得之貨，以免引起相互之間的爭奪。此即王弼所言「兌，事欲之所由生」。因為外來的悅己之言易影響人的行為，故當拒塞之。其意即第四十八章所言：「為學日益，為道日損」的意思。

門主開闔進出。關閉情慾之門，不見可欲，不為外物所誘，心則不亂。此即王弼所言「門，事欲之所由從也。」

若能做到塞其兌，閉其門，就能無事永逸，故能終身不勞碌。

開其兌，濟其事，終身不救。

開其兌「即為學日益，為道日損」的意思（參閱第四十八章）。助長情慾之事，終身不得救治。

見小曰明，守柔曰強。

能見微知著者明，能守柔者強。

用其光復歸其明，無遺身殃，是為習常。

　　以光為其用（德），更應回歸到其光源之母——明（道），才不會使自身受到傷害，這就叫做習常。習有重複、學習的意思。常為自然之天理。習常即向自然之天理學習，就會得到善果。

第五十三章

【原文】

使我介然有知行於大道唯施是畏

大道甚夷而民好徑

朝甚除田甚蕪倉甚虛

服文采帶利劍厭飲食

財貨有餘是謂盜夸

非道也哉

【問題討論】

　　這裡只有一個轉折的地方較為難懂，學者們也有不同的見解。

　　「大道甚夷，而民好徑。朝甚除，田甚蕪，倉甚虛。」

　　此處的「朝甚除」該怎麼解釋？王弼注：「朝宮室也，除潔好也，朝甚除則田甚蕪倉甚虛。」為何朝廷有潔好，就會造成田甚蕪倉甚虛？卻未言明。

　　為使前後兩句能合成一氣，我就按照自己的意思，做出兩種與前人不同的解釋。第一種是把除字當除去或消除解，則可譯為：為了除去民眾喜歡走捷徑的陋習，朝廷開始增加法令規範，越是如此，百姓就越想走捷徑，最後導致田園荒蕪，倉廩空虛。

　　第二種是按照《說文》的解釋來翻：

　　《說文》：「除，殿陛也。宮殿之臺階也。《左氏》〈昭十三〉：令諸侯日中造於除（除地為壇，盟會處也）。」

　　據此可譯為：朝廷致力於盟會，最後導致田園荒蕪，倉廩空虛。

第五十三章釋義　　唯施是畏

使我介然有知，行於大道，唯施是畏。

　　使我驟然悟得些微真知，行于大道之上，此時最怕的就是有所作為。

大道甚夷，而民好徑。

大道（無為之道）雖然十分平坦，但是民眾卻喜歡走捷徑。

朝甚除，田甚蕪，倉甚虛。

朝廷致力於盟會，最後導致田園荒蕪，倉廩空虛。

（除當除去或消除解時，則可譯為：為了除去民眾喜歡走捷徑的陋習，朝廷開始增加法令規範，越是如此，百姓就越想走捷徑，最後導致田園荒蕪，倉廩空虛。）

服文采，帶利劍，厭飲食，

朝廷內穿著講究華麗，身佩利劍，餐餐豐實還嫌不好。

財貨有餘，是謂盜夸。

錢財寶物富富有餘，多為斂自百姓之財，可謂大盜。

非道也哉！

這是不合於道的。

第五十四章

【原文】

善建者不拔善抱者不脫
子孫以祭祀不輟
修之於身其德乃真修之於家其德乃餘
修之於鄉其德乃長修之於國其德乃豐
修之於天下其德乃普
故以身觀身
以家觀家以鄉觀鄉
以國觀國以天下觀天下
吾何以知天下然哉以此

【問題討論】

本章只有頭兩句話是重點，其餘都是陪襯。不懂這兩句話，就無法理解本章。看看你們能不能解釋出來。

善建者所建之物，無法被拔除。善抱者所抱之物，絕不會脫落。

翻得很好！能否舉出實例證明？

（一時大家都靜默無語。最後都說不知道。）

這也不能怪你們。這看似兩句簡單的話，卻是千年難解的公案之一。解老專家王弼也只做了原則性的解釋，並未提出實例。

王弼注：「固其根而後營其末故不拔也。不貪於多，齊其所能，故不脫也。」現代學者有人認為是指道與德。也有學者注解為，無建則無可拔，無抱則無脫。

老師認為，任何願意嘗試去解《道德經》的學者，都很值得敬佩。因為他們至少都發現了新的問題所在，並試著對前人的解釋，提出自己的看法，可為後世所借鑒。畢竟《道德經》一書實在太重要也太難了！據此，老師也提出新的看法，供大家參考：

善建者地也。地本著後其身而身先之理，建造大地，無物能拔。

善抱者天也。天本著外其身而身存之理，覆抱萬物，無物能脫。

第五十四章釋義　天地之德

善建者不拔，善抱者不脫。

　　善建者地也。地本著後其身而身先之理，建造大地，無物能拔。（用之於人則可謂堅忍者不拔。）

　　善抱者天也。天本著外其身而身存之理，覆抱萬物，無物能脫。（用之於人則可謂無欲能容者抱物，無物能脫。）

子孫以祭祀不輟。

　　天以慈衛地，地以孝侍天。此理運用到治家，即天為父，地為子，故曰父慈子孝。子孫能傳承此慈孝之德，則能永享祭祀。

修之於身，其德乃真。修之於家，其德乃餘。

　　將此天地慈孝之德用之於修身，其德必然真實。用之於齊家，家德必能有餘慶。

修之於鄉，其德乃長。修之於國，其德乃豐。

　　用之於鄉里，鄉德必能長遠。用之於治國，國之德風必能豐盛。

修之於天下，其德乃普。

　　用之於天下，天下之德必得普及。

故以身觀身，

所以由我自身慈孝之德來觀察他人之德。

以家觀家，以鄉觀鄉，

以一家慈孝之德，觀察他家之德。以一鄉慈孝之德，來看他鄉之德。

以國觀國，以天下觀天下。

以一國慈孝之德，來看別國之德。以天下百姓慈孝之德，來觀看天下之德。

吾何以知天下然哉？以此。

我何以能知道天下的事情會如此？都是依據天地慈孝之德的原則來觀察分析的。

【要點提示】

天的特點：不自生，能做到無我，包容萬物。這就是天之慈。

地的特點：不自生，能做到無爭，完全順服於天，願為人之後，此乃地之孝。

天以慈衛地，地以孝侍天，天地與慈孝的關係就是老子的倫理觀。此理運用到治家，天慈地孝就是以天為父，地為子，故曰父慈子孝，乃法天地不言之教也。（參閱第十九章）

善建者地也。地本著後其身而身先之理，建造大地，無物能拔。

地給我們的不言之教就是靜、忍，用之於人則可謂堅忍者不拔。

善抱者天也。天本著外其身而身存之理，覆抱萬物，無物能脫。

天給我們的不言之教就是無欲能容，用之於人則為有容乃大。故無欲能容者抱物，無物能脫。

學地之堅忍不拔，天之無欲能容。

第五十五章

含德之厚比於赤子
蜂蠆虺蛇不螫猛獸不據攫鳥不搏
骨弱筋柔而握固
未知牝牡之合而全作精之至也
終日號而不嗄和之至也
知和曰常知常曰明
益生曰祥
心使氣曰強
物壯則老謂之不道不道早已

第五十五章釋義　物壯則老

含德之厚，比於赤子，

  含德最豐厚的人猶如嬰兒一般。

蜂蠆虺蛇不螫，猛獸不據，攫鳥不搏。

  嬰兒無求無欲不犯眾物，故毒蟲、猛獸、凶鷹也都不會侵犯他。

骨弱筋柔而握固。

  嬰兒骨弱筋柔卻能握緊各種東西。

未知牝牡之合而全作，精之至也。

  雖不知道男女交合之事，但性器卻會自動勃起，此乃精氣充足所致。

終日號而不嗄，和之至也。

  整日哭鬧卻不會啞，此乃音聲內外相和所致。

知和曰常，知常曰明，

  物以內外相和為常理，能體驗認識到此根本之常理就叫明。

益生曰祥。

生不可益，若有心益之，則其不祥可以預見。

（段注：凡統言則災亦謂之祥，析言則善者謂之祥。詳見要點提示。）

心使氣曰強。

心意起則氣隨之，心氣相合謂之強。（軍隊之士氣即例。）

物壯則老，謂之不道，不道早已。

強之極是壯，壯就是事物衰老的開始，進入衰老則離道遠矣，是謂不道。

【要點提示】

本章把嬰兒的各種特殊現象，比作為道家之良能。人們只要能不失此良能，也不刻意去增減，就能全其一生。有些解釋可以參考第三十和第五十章的釋義。

「益生曰祥」也可以從好的方面來解釋，例如：學無為不爭也能說是益生曰祥。

「心使氣曰強」也不能說不好，強有如數字中的九，壯為十，中國人崇九不崇十即例。

第三十三章：「勝人者有力，自勝者強。知足者富，強行者有志。」此章提到「強」好的一面。

第五十六章

【原文】

知者不言言者不知
塞其兌閉其門挫其銳解其分
和其光同其塵是謂元同
故不可得而親不可得而疏
不可得而利不可得而害
不可得而貴不可得而賤
故為天下貴

【問題討論】

在讀下篇《德經》時，就會發覺許多句子，好像似曾相識。看看你們能發現多少。

老師，「挫其銳，解其分，和其光，同其塵」在第四章中就出現過。在這裡的意思應該和第四章中的解釋一樣。

對！兩者意思確實相通。只有一個字不一樣，「解其分」的「分」字，本章用「分」，第四章用「紛」，估計意思應該相同。結合前後文來看，此處「分」指分別意識。另外在本章中為這句話多加了一個注解，說明這句話的意思就叫「元同」，這在第四章中卻未提到。在第四章老師把這句話與道德相結合來解釋，而這章則與人相結合，言及修身之道。希望大家能從多方面去認識老子。

老師，「元同」是什麼意思？

在第一章就提到「兩者（道與德）同出而異名，同謂之元（玄）」。元有開始的意思，又是道與德尚未分之時的共同名字，因此本句的「元同」可以注解為：又回到道與德初始之同。

還有什麼問題嗎？

一時還看不出來，只覺得「知者不言，言者不知」又和我們一般的瞭解不一樣。

「知者不言，言者不知」這句話中出現兩次「知」，這兩個「知」字是否相同？

同是「知」字，為什麼言者和不言者的結果卻不同？

請大家翻回第三十三章，或許可以幫助我們理解這句話

的意思。「知人者智，自知者明」也出現了兩個「知」字，說明老子對知的兩種看法。據此「知者不言」可分為兩種：一種是只能意會無法言傳的知，例如從不言之教所得之明，或是無法用言語來表達的高深莫測之知，即使想說也說不出來，故知者不言。另外一種就是知道卻不願意告訴別人，例如：祖傳秘方、武術秘笈、現代尖端科技等皆屬於知者不言之範疇。

知人之知謂之智，知人者必與人交往，喜歡教導人分辨是非貴賤之理，故曰言者。「言者不知」中的「言者」就是老子常說的「使乎智者不敢為」的「智者」的意思；「不知」可注解為「言者多只懂得知人之智，卻不懂不言之教的知」。我將其注解為：多言者多知人之言，而少有自知之言，故言者不知。「知者不言，言者不知」可以改寫為「知者不言，智者不知」，這樣比較容易懂。

最後幾句大家知道是什麼意思嗎？

莫非就是上篇常說的，不分好壞，一視同仁，故不可得其親疏、利害、貴賤？

我想應該就是這個意思。

第五十六章釋義　元同

知者不言，言者不知。

知者即自知之明者，自然不需向人言。那些無法用言語來表達的高深莫測之知，即使想說也說不出來，故知者不言。

（祖傳秘方、武術秘笈、現代尖端科技等皆為絞盡腦汁之成果，當然不願輕易公開，這些都屬於知者不言的範疇。）

多言者多知人之言，少有自知之言，故言者不知。（參閱第三十三章）

塞其兌，閉其門，挫其銳，解其分，

閉塞其情欲之門路，挫其所能，解其紛爭（解其分別意識，使其能做到無分別意識）。

和其光，同其塵，是謂元同。

光與塵即貴與賤，貴賤能同而視之，則無貴賤之分，故能和其光同其塵，是謂初始之同。

王弼注解得很到位：「和光而不汙其體，同塵而不渝其真。」

故不可得而親，不可得而疏，

元同之人視貴賤如一，故無法得以親近，也無法疏遠。

不可得而利，不可得而害，

無法從而得利，也無法從而得害。

不可得而貴，不可得而賤，

無法從而得貴，也無法從而得賤。

故為天下貴。

　　能齊貴賤，則無物可以加之，是謂無欲之欲，這才是天下最寶貴的。

【要點提示】

　　「知者不言」可分為兩種：一種是只能意會卻無法言傳的知，例如從不言之教所得之明，是無法用言語來表達的高深莫測之知，即使想說也說不出來，故知者不言。另外一種就是知道卻不願意告訴別人，例如：祖傳秘方、武術秘笈、現代尖端科技等皆屬於知者不言之範疇。

　　「解其分」的「分」字是指分別意識。「解其分」意為解除其有分別意識的困擾，使其能進入無分別意識的境界，故不可得而親、疏、利、害、貴、賤等。

第五十七章

【原文】

以正治國以奇用兵以無事取天下
吾何以知其然哉以此
天下多忌諱而民彌貧
民多利器國家滋昏
人多伎巧奇物滋起
法令滋彰盜賊多有
故聖人云我無為而民自化
我好靜而民自正我無事而民自富
我無欲而民自樸

【問題討論】

本章起首就言明主題「以正治國，以奇用兵，以無事取天下」，接著說明其緣故，並沒有什麼特別難懂的地方。請大家用心看釋義，就能懂了。

昬：昏的異體字。

此處之聖人可為哲人或君王。

第五十七章釋義　無為治國

以正治國，以奇用兵，以無事取天下。

正者明辨是非也。奇者不正也，兵不厭詐，不講是非，只以成敗論英雄。兩者都是有為治國。唯獨以無為治事，得享天下。

吾何以知其然哉？以此：

我何以能知道會如此？從以下幾件事就能看出端倪。

天下多忌諱而民彌貧。

忌諱本為趨吉避凶，天下忌諱多了，民無所適從，反而越來越貧窮。

民多利器，國家滋昏。

利器指凡能利己之器。民多利器，專為一己之私，則國家腐敗。

人多伎巧，奇物滋起。

民多慧智則生巧偽，巧偽生則怪邪之事多起。

法令滋彰，盜賊多有。

法令愈瑣碎，盜賊就愈多。

故聖人云：我無為而民自化。

所以聖人說：上之所欲，民從之速也。我以無為來治國，民亦仿效無為治事，自能相安無事，各展所長。

我好靜而民自正。我無事而民自富。

我以好靜為表率，濁以靜之徐清，民風自然回歸純正。我不以雜事擾民，民生自然富足。

我無欲而民自樸。

我無欲，民風自然回歸淳樸。

第五十八章

【原文】

其政悶悶其民淳淳
其政察察其民缺缺
禍兮福之所倚福兮禍之所伏
孰知其極其無正
正復為奇善復為妖
人之迷其日固久
是以聖人方而不割廉而不劌
直而不肆光而不燿

【問題討論】

本章談到為政之道，越少去騷擾民眾，民風越歸於淳樸，理政猶如悶悶然。反之，越去監管人民，民風則越澆薄。大家是不是覺得很奇怪？

讀了那麼多老子的例子，也就見怪不怪了，但希望老師能舉個例子給我們聽。

歷史上常有欽差出巡，到各地瞭解民情。某次有個欽差來到一個縣城，查閱了檔案，發覺縣官從沒辦過案子，也沒有人來告狀，欽差也變得悶悶然。細查之後方知，這是最好的治理典範。懂了吧？

「禍兮福之所倚，福兮禍之所伏」這句話都能理解。能不能舉個例子？

塞翁失馬。但是最後幾句還請老師解釋一下。

我還是用老子的話來解釋「是以聖人方而不割，廉而不劌，直而不肆，光而不燿」。

請看老子寫作的方式，先找出問題之所在，然後再提出解決的方法。前面幾句指出迷惑眾人已久的問題，最後這幾句就是老子提出的解決方法。方、廉、直、光均為眾人所喜愛，值得去做。割、劌、肆、燿均為眾人所畏懼，就別去碰它。行事為人當秉持老子第二十章所說的做人原則「畏人之所畏」，就不會再迷惑。再看第九章「揣而梲之，不可長保……富貴而驕，自遺其咎」和第二十九章「聖人去甚、去奢、去泰」，都是勸人，凡事別過分。這些都是老子的為人處世之道。有了這些認知，再來看釋義就容易懂了。

第五十八章釋義　福禍相倚

其政悶悶，其民淳淳。

善治者，尚無為，其理政如悶悶然，似有若無。民亦因無事可爭，反而變得寬大淳厚。

其政察察，其民缺缺。

為政者處處以法令管制人民，人民則學會鑽法律的漏洞，民風逐漸澆薄。

禍兮福之所倚，福兮禍之所伏。

福與禍經常相伴而行，禍中常伴隨著福，福中常潛伏著禍。

孰知其極其無正？

誰能知道福禍的終極又是什麼呢？難道沒有一定的標準？

正復為奇，善復為妖，

正會變為奇邪不正。立善以和萬物，則復有妖孽之患。（參閱第二章「皆知善之為善，斯不善已」）

人之迷其日固久。

這些反覆無常的事情，讓人們陷入迷惑已有很長的日子了。

是以聖人方而不割，廉而不劌，

　　所以聖人能秉持其原則引導眾生，不會用法令去限制或
割除其不當，當去銳解紛，廉而不傷。

直而不肆，光而不燿。

　　直而不至於肆無忌憚，光照而不耀眼，光不為揭發人之
隱匿，只為照亮人心，使其迷途知返。

【要點提示】

　　此處之聖人可為統治者或君王。

第五十九章

治人事天莫若嗇
夫唯嗇是謂早服
早服謂之重積德
重積德則無不克
無不克則莫知其極
莫知其極可以有國有國之母可以長久
是謂深根固柢長生久視之道

【問題討論】

這章有三個詞困擾我最久，那就是若嗇、早服和重積德。你們能懂嗎？

我們查到韓非的資料：「嗇之者，愛其精神，嗇其智識也。」也有資料說嗇就是愛惜、節儉的意思。

這章的用字很難理解，這使我想到第四十一章「建德若偷」的例子，要從不好的觀點出發來彰顯其好，所謂正言若反。因此老師把「嗇」字從它不好的一面來注解。

嗇有貪心和吝嗇的意思。據此可以把「治人事天莫若嗇」注解為：治人事天就得效法天地之吝嗇與貪心。聽到這話大家一定會認為這絕不可能，是老師在和大家開玩笑。可是請大家別忘了老子在第四十一章說過的話：「不笑不足以為道。」請看第七章，天地始終本著來者不拒、多多益善的原則存活，故能長生。從反面的觀點來看，就叫「貪得無厭」；從反之再反的觀點來說，就叫「不自生故能長生」。這樣我們就能把「嗇」字解釋為「不自生」或「不自生故能長生」。

第五十九章釋義　不自生之生

治人事天莫若嗇。

治人事天莫若「吝嗇如天地之不自生」。

254

夫唯嗇是謂早服，早服謂之重積德。

唯有「吝嗇如天地之不自生」是謂早服。早早順服「吝嗇如天地之不自生」，就能做到重積德（不斷累積天地無為、無欲、不爭之德）。

重積德則無不克。

能多積此「吝嗇如天地之不自生」之德，就能做到無所不克。

無不克則莫知其極。

無所不克則知此德之無窮盡也。

莫知其極，可以有國。有國之母可以長久，

「吝嗇如天地之不自生」既能做到無所不克，又能達到無窮盡，如此必可以興國。以「吝嗇如天地之不自生」為國之母，國則可以長久興旺。

是謂深根固柢，長生久視之道。

如此才能為國家奠定穩固的根基，這也是國家長遠發展之道。

第六十章

【原文】

治大國若烹小鮮
以道莅天下其鬼不神
非其鬼不神其神不傷人
非其神不傷人聖人亦不傷人
夫兩不相傷故德交歸焉

【問題討論】

第一句話可以說是名句:「治大國若烹小鮮。」有沒有聽過?懂不懂?

好像沒有聽過。烹小鮮應當注意哪些事也不知道。這些和鬼神有什麼關係,更是不清楚。

小鮮者百姓也。治理大國就像煎小魚一樣,儘量少去翻動它,否則容易碎。

這和下文中的鬼神、聖人有何關係?

西方人信仰《聖經》,信奉上帝,中國人則信仰中國的哲學,信奉自己的祖先、聖賢和天地。在那文明尚未開化的時代,能以哲學替代宗教,這是非常難能可貴的。現代科技發展突飛猛進,西方宗教受到挑戰,逐漸式微。反觀吾國哲學則依然獨樹一幟,方興未艾,不因科技而損其價值。中國文化為什麼能源遠流長至今,中國的哲人真是功不可沒。

這裡講的鬼神,到底是什麼?

本章所講的鬼神,其意是指統治者應少用鬼神去打擾百姓。《左傳》〈莊公三十二年〉,史嚚云:「國將興,聽於民;將亡,聽於神。」

那為什麼聖人亦不傷人?

鬼神是由智者想出來的,有鬼就有神,有宗教就有聖人。聖人是思想的領導者,若群眾不信鬼神而信奉天地和道,那聖人就無用武之地,自然沒人再聽聖人的教導。聖人就不能再影響百姓的思維,所以才說聖人亦不傷人。

老師曾要我們留意，老子心目中的聖人是什麼人。這章所說的聖人好像不是老子心目中的聖人。

既然「以道莅天下」（莅是蒞的異體字），就無需聖人代言。無論是哪種聖人，都無法替代天地。天地才是我們的宗教，我們的信仰。

第六十章釋義　治大國若烹小鮮

治大國若烹小鮮。

治理大國就像煎小魚一樣，儘量少去翻動它，否則容易碎。

（對百姓也當如此，少用鬼神之事去打擾他們，清靜無為最好。）

以道莅天下，其鬼不神。

用道來治理天下，連鬼神都神奇不起來。

（《說文》：「鬼者人所歸為鬼。鬼之神者為神。」）

非其鬼不神，其神不傷人。

並非鬼神不神奇了，而是它的神奇魔力影響不了人。

非其神不傷人，聖人亦不傷人。

並不只是神奇魔力傷害不了人，就連聖人之教也傷害不了人。（不再崇尚鬼神和聖人，而尊道貴德。）

夫兩不相傷，故德交歸焉。

　　萬物能遵行自然無為之道，鬼神、聖人都變得英雄無用武之地，故能與民兩不相傷。萬物並行而不相害，諸德相互往來而不相傷，同歸於道。

第六十一章

【原文】

大國者下流天下之交天下之牝

牝常以靜勝牡以靜為下

故大國以下小國則取小國

小國以下大國則取大國

故或下以取或下而取

大國不過欲兼畜人小國不過欲入事人

夫兩者各得其所欲大者宜為下

【問題討論】

本章是在探討國與國之間的相處之道，這次就不和大家一起討論。講幾個現代國際外交的實例給大家聽。

中國在和菲律賓總統杜特蒂的外交往來，就是按照上面這段哲理在進行。這正好也反映出中國高層領導深悉道家哲理，願以大侍小。菲律賓也願以小侍大。兩國各得所宜，所謂「不自為大，故能成其大」，這才能贏得真正的和平安樂。

第六十一章釋義　大者宜為下

大國者下流，天下之交，天下之牝。

大國應似水，當選擇低下之地，才能成為天下交匯之所，成為天下之雌。（第二十八章「知其雄，守其雌，為天下溪」）

牝常以靜勝牡，以靜為下。

天下之雌常用靜來戰勝好動之雄，靠的就是以靜制動，靜願居下。

故大國以下小國，則取小國。

據此原則，大國亦應似水，以謙虛的態度來對待小國，如此就會得到小國的擁護。

小國以下大國，則取大國。

　　小國也應以謙卑的態度與大國交往，就能以小取大，取
悅於大國，獲得大國的支持。

故或下以取，或下而取，

　　因此，無論是秉持謙下的原則而受到擁戴，或是因謙卑
能以小取大而獲得支持。

大國不過欲兼畜人，小國不過欲入事人，

　　大國不過就是想藉此兼併小國，小國也希望藉此附屬於
大國。

夫兩者各得其所欲，大者宜為下。

　　兩方都能遵循謙下之道，雙方都能達成各自想要的目
的，因此大國更應當謙下。

第六十二章

【原文】

道者萬物之奧善人之寶不善人之所保

美言可以市

尊行可以加人

人之不善何棄之有

故立天子置三公雖有拱璧以先駟馬

不如坐進此道

古之所以貴此道者何

不曰以求得有罪以免邪故為天下貴

【問題討論】

本章文字雖說不難，但卻有兩個難題：其一是結構性的，其二是對文字的誤解。看看你們能不能發覺。

雖然老師說有結構問題，我們卻看不出來，只有「美言可以市」那句看不懂。請老師幫忙解釋一下。

就是因為「美言可以市」這句話，在這裡不知該怎麼解釋，老師也參考了一些專家的解釋，多是按照句子，一句一句地解釋，卻不知其意思為何，總覺得少了整體性，所以難懂。老師大膽地把老子的原文順序改變，並未加減一字，讀起來既有整體性，也容易理解：

「道者萬物之奧，美言可以市。善人之寶，尊行可以加人。不善人之所保，人之不善何棄之有。」

好像一經老師重新編排，讀起來順多了。真妙！那老師提的第二個難題在哪兒？我們實在看不出來。後面的句子都不難懂，只要看看參考書就行。不知老師有何看法？

關鍵就是最後幾句：「古之所以貴此道者何？不曰以求得，有罪以免邪。故為天下貴。」請問這幾句話是什麼意思？

應該是說，道為什麼如此尊貴，因為道可以說是有求必應，有罪也可以赦免，故為天下所貴。看不出有什麼不合理的地方。

沒錯！你們再想想看，這個解釋合不合理？

宗教裡的神同樣也是有求必應，有罪也可以赦免。不是正好相符？

我讀到這段話時，就想到一個問題，道是否有赦罪的權力？若道有赦免眾罪的權力，那它就不是道，而是宗教中的神。有權就有爭奪，紛爭並起，故而常有宗教戰爭的發生。道對待萬物，好壞如一，絕不爭取話語權，無權乃至權。中國人常說的上天有好生之德，用老子的話說就是生而不有，指的就是道始終在創造生命，卻不恃為己功，無為無欲也無權，故為天下貴。據此，我才將注解改注如下：不是說善人靠美言遵行，就可以求得道，而不善之人有罪就無法得道。道對萬物一律同等看待，故為天下所貴。

第六十二章釋義　無權乃至權

道者萬物之奧，善人之寶，不善人之所保。

　　道隱藏著萬物的奧秘，善人視它為寶，不善人靠它得以保全。

美言可以市，

　　道若美言之，市面上會有許多善人把它當作寶物競相推崇。

　　（亦可解釋為：把道當作美言，在市面上傳播推廣。）

尊行可以加人，

　　尊道而行者，可以加益於人。

人之不善何棄之有。

　　不善之人也不會被道所遺棄。

故立天子，置三公，雖有拱璧以先駟馬，

　　故在天子登基、設置三公之時，都會先獻上拱璧再獻上
駟馬之車，以彰顯其隆重。

不如坐進此道。

　　進獻如此貴重之拱璧和駟馬，還不如獻上道，讓道蒞臨
天下。

古之所以貴此道者何？

　　古時道為何會如此尊貴？

不曰以求得，有罪以免邪。故為天下貴。

　　不是說善人靠美言遵行，就可以求得道，而不善之人有
罪就無法得道。道對萬物一律同等看待，故為天下所貴。

【要點提示】

　　老子那個年代的說客，可以憑著三寸不爛之舌，就飛黃
騰達。現代民主選舉時，諾言滿天飛，似乎可以視為現代版
的「美言可以市」。

第六十三章

【原文】

為無為事無事味無味
大小多少報怨以德
圖難於其易為大於其細
天下難事必作於易
天下大事必作於細
是以聖人終不為大故能成其大
夫輕諾必寡信多易必多難
是以聖人猶難之故終無難矣

【問題討論】

這章也有一個很難解的句子，看看你們會不會發現。

「大小多少報怨以德」是什麼意思？

王弼把這段解釋得很有特點，值得大家參考：報小怨以德很容易。大怨是指得罪了天下，人人都認為當誅之，順從天下人共同的想法就是大德，即可共而誅之。故大怨當以大德報之。用現代話講，就是「順勢而為，革命有理」，武王伐紂即例。

老師的看法和第四十九章有關：「善者吾善之，不善者吾亦善之，德善。」就是不該有分別的意識。

「是以聖人終不為大，故能成其大。」這句也不太懂。既然不為大，為何會成其大？

人若能無為，就能和自然融為一體，兩者合故大。自然為大，人為小，自然能以大事小，人亦願以小事大，臣服於自然，兩者相合則成大，是以聖人終不為大，故能成其大。反之，自然雖願以大事小，而人卻不願以小事大，轉而走上有為之路。如此人與自然的距離越離越遠，兩者分故無法為大。（參閱第六十一章之「大者宜為下」）

無為者不離自然也，有為者遠離自然也，無為就是老子天人合一思想的具體表現。

老師，「是以聖人猶難之，故終無難矣」這句是什麼意思？參考書都注解為：「連聖人都覺得困難，所以最後就沒有困難。」但究竟是怎麼回事都沒人能講清楚。

對了！這就是難題之所在。要想破解此難題，首先要知

道「易」和「細」這兩個字的意思。你們說說看。

就是萬事起頭難，必須要從易、細開始著手，由易入難，由小變大。也就是說從一開始做時，就要小心謹慎，才不會功虧一簣。這事聖人也覺得很難做到。

這點你們說得對，易、細就是開始著手的意思。那為什麼會「終無難矣」？

這就是我們的問題。

這是個很有趣的問題。句子都注解無誤，就是最後一句解不出來。老師也遇到了同樣的困難。這時就得考慮到，本章主旨是什麼？

「圖難於其易，為大於其細。」

學術界多是這麼講的。老師認為本章的主旨應該是「為無為，事無事，味無味」。因為「圖難於其易，為大於其細」容易讓人想到有為。一開始就有為，不論易、細都會越做越難。因此只有在一開始就無為，如此繼續無為下去，才能解決問題。所以老子才說：「是以聖人猶難之，故終無難矣。」聖人都覺得有為實在太困難，因此連易、細之有為都不敢去做。只敢做那最容易的「為無為，事無事」，並且持之以恆，所以至終都不會有困難了。

哎！真是太妙了！老子的思想真是太高深了！實在無法用世俗的眼光來評判！

第六十三章釋義　勿以易細而有為

為無為，事無事，味無味。

為尚無為，事尚無事，味尚無味。

大小多少報怨以德。

無論大小多少，只要有怨都當報以德。（參閱第四十九章「善者吾善之，不善者吾亦善之，德善」）

（王弼注：報小怨以德很容易。大怨是指得罪了天下，人人都認為當誅之，順從天下人共同的想法就是大德，即可共而誅之。故大怨當以大德報之。）

圖難於其易，為大於其細。

想解決難事，應在事情還容易的時候著手。想要做大事，就該從細小的時候開始規劃。

（容易和細微都是代表剛起步的階段，起步時若錯了，日後就會越來越錯。因此建議在最容易、最細微的起步階段，就應當為無為、事無事，日後才不會出錯。反之，起步時就有為，日後困難則愈多。）

天下難事必作於易。

天下困難之事，一定是從容易開始。

天下大事必作於細。

天下之大事，一定始於細微，以後才變大。

是以聖人終不為大，故能成其大。

所以聖人從頭到尾都不願為大，故能成其大。（參閱第三十四章「不大之大」）

夫輕諾必寡信，多易必多難。

輕易許諾之人，信用一定不好，言多必失。多易也必多難。

（輕諾、多易均為有為之始，其結果必為寡信、多難。）

是以聖人猶難之，故終無難矣。

是以連聖人都覺得有為是件相當困難的事，因此主張為無為，事無事。既然無為，所以至終都不會遇到困難了。

【要點提示】

此處之聖人可為哲人或君王。

第六十四章

【原文】

其安易持其未兆易謀

其脆易泮其微易散

為之於未有治之於未亂

合抱之木生於毫末九層之台起於累土千里之行始於

足下

為者敗之執者失之

是以聖人無為故無敗無執故無失

民之從事常於幾成而敗之

慎終如始則無敗事

是以聖人欲不欲不貴難得之貨

學不學復眾人之所過

以輔萬物之自然而不敢為

【問題討論】

這章能讀得懂嗎？

在聽老師講解第六十三章前，只能看懂那些名句，例如：「合抱之木生於毫末，九層之台起於累土，千里之行始於足下。」但絕沒有想到下一句竟然是「為者敗之，執者失之」。聽過老師講解上一章後，現在都可以理解了。這章其實就在重複第六十三章的思維，只是用了更多的例子來強調，凡事都要在一開始時就做到無為，否則就會「為者敗之，執者失之」。

很好！你們現在總算能不再用有為的眼光來看老子了！本章有個地方，老師也沒有把握，因此提出來，大家共同討論。那就是「學，不學，復眾人之所過」該怎麼解釋？

每當遇到這類困難的問題時，我一定先看王弼是怎麼注解的，他是這麼注解的：

「不學而能者自然也。喻於不學者過也。故學不學以復眾人之過。」我們首先要能知道「眾人之所過」是什麼意思。王弼認為眾人之過，就是不學自然或不學無為。據此可以注解為：學自然無為，不學自然無為就是重複眾人之過錯。

本章「聖人欲不欲，不貴難得之貨」和第三章「不見可欲」「不貴難得之貨」意思相近。唯獨「不尚賢」只出現在第三章，而本章卻未出現。還有一個有趣的相似之處，兩章結尾也非常近似，且出現同樣的詞句「不敢為」。

第三章：「使夫智者不敢為也。為無為，則無不治。」本章：「學，不學，復眾人之所過，以輔萬物之自然，而不

敢為。」這裡的「而不敢為」雖然沒有提到「使夫智者不敢為也」，但仍然可以注解為：而不敢像智者一般有所作為。

本章和第三章甚為相似，因此我才大膽假設，這兩章應當有所關聯。「學不學復眾人之所過」應該和「不尚賢」有關。故試著在學字後斷句：「學，不學，復眾人之所過。」我注解為：學無為，不學尚賢，以免重複眾人之過錯。

第六十四章釋義　慎終如始

其安易持，其未兆易謀。

在安定之時就當未雨綢繆，此時提早籌畫容易持守。事情未顯出徵兆時，易於圖謀。

其脆易泮，其微易散。

脆的東西容易破，細微的東西容易散。

為之於未有，治之於未亂。

凡事在尚未有兆端發生之時，可以圖謀。在事情尚未生亂象之時，著手治理。

合抱之木生於毫末。九層之台起於累土。千里之行始於足下。

能讓多人合抱的大樹，也是從毫末之嫩芽長成的。九層之高臺也是從一筐筐的土累積築成的。千里之行也必須從腳下開始。

為者敗之，執者失之。

　　有為者必敗，心有所執著者必有所失。

是以聖人無為，故無敗。無執，故無失。

　　因此聖人無為，所以不會失敗。心無所執故無所失。

民之從事，常於幾成而敗之，

　　民眾做事，經常失敗於將成之時。（因其有為有執。）

慎終如始，則無敗事。

　　如果做事開始就能本著無為無執，則能始終如一，就不
會有做不成的事。

是以聖人欲不欲，不貴難得之貨。

　　因此聖人之所欲就是無欲，不以難得之貨為貴。

學，不學，復眾人之所過，

　　學自然無為，不學自然無為就是重複眾人之過錯。
　　（又譯：學無為，不學尚賢，以免重複眾人之過錯。）

以輔萬物之自然，而不敢為。

　　如此方能用來扶助萬物，重返自然，而不敢像智者一般
有所作為。

【要點提示】

對於「慎終如始,則無敗事」,坊間多從有為的觀點來解釋,我們應當從老子無為的觀點出發來注解。據此這裡指的是凡事在起步時就要能做到無為無執,開始的第一步絕不能走錯。若在一開始最簡單的時候就有為有執,再容易的事情都會變得越來越複雜,註定走向始成終敗之路。反之開始若走在無為無執道上,則能始終如一,終無敗事。

這章也提到了聖人,應該和第三章的聖人相同,都可算是居上位者。

第六十五章

【原文】

古之善為道者非以明民將以愚之

民之難治以其智多

故以智治國國之賊

不以智治國國之福

知此兩者亦稽式

常知稽式是謂元德

元德深矣遠矣與物反矣然後乃至大順

【問題討論】

老師，這章真是難懂。雖然理解「絕聖棄智」的意思，卻仍然不懂，為什麼「古之善為道者，非以明民將以愚之」？

首先要知道明民是明什麼，愚民是愚什麼。老子此處的明和不言之教的明不同。不言之教的明是名詞，是個人與自然的直接交往所得的明，而非靠他人之教導；明民的明是動詞，是指如何去教導民眾，故與不言之教的明完全不同。這裡明民的意思就是說，常使民尚賢、貴難得之貨、常見可欲的意思。愚民則正好相反，常使民不尚賢、不貴難得之貨、不見可欲的意思。請大家翻回第三章，看看就知道了。

為什麼老子說「民之難治，以其智多。故以智治國，國之賊。不以智治國，國之福」？

請看第三十三章，或許可以幫助我們理解這幾句話的意思。「知人者智，自知者明」中「智」字代表人際關係之知，這是老子反對的，所以才發此言。

老師，「稽式」是什麼意思？

這章特別難懂，並非有什麼特別難解的哲理，而是在用詞方面。或許這些詞在當時並不難懂，但歷經兩千多年，到了現在就像在和人捉迷藏一樣，怎麼解釋都覺得不理想，例如第五十九章出現過的「嗇」、「重積德」，第四十一章的「建德若偷」等。「稽式」也是其中之一。查了些資料，多把稽字解為：留或止；計，核計，例如以名計虛實，同等，考核等。王弼將其注解為：「稽同也，今古之所同，則不可

廢。」據此可以解釋為：明民與愚民所帶來的結果，今古相同，此理不可以廢除。「知此兩者亦稽式」可以注解為：考核這兩種治國方式的結果，據此制定出治國之法則。

那「常知稽式，是謂元德」又該如何解釋？

這也是難解之處。請看第十章和第五十一章都提到元德：「生而不有，為而不恃，長而不宰，是謂元德。」依此看來，「常知稽式，是謂元德」意思就是說，誰能識得稽式之理，就能用「生而不有，為而不恃，長而不宰」來治國。

第六十五章釋義　元德（三）

古之善為道者，非以明民將以愚之。

古時候善於運用道的統治者，並不是什麼事情都希望人民能分辨清楚，而是期待百姓不去分辨賢愚貴賤，有若愚者。

民之難治，以其智多。

人民之所以難治理，是因為有慧智（走人際關係）的人太多。

故以智治國，國之賊。

故用智（人際關係）治國者，乃國之賊。

不以智治國，國之福。

不用智治國，民多淳樸，此乃國家之福。

知此兩者亦稽式，

　　考核這兩種治國方式的結果，據此制定出治國之法則。

常知稽式，是謂元德。

　　常知此法則，就能做到不以智治國，是謂元德。（參閱第十章和第五十一章）

元德深矣遠矣與物反矣，然後乃至大順。

　　生而不有，為而不恃，長而不宰，為而不爭，是謂元德。元德的含義既深且遠，往往反其道而行，使萬物能重返自然，然後才能走上大順之境地。

【要點提示】

　　《洪範》九疇中提到，天子遇有疑難的問題，多用卜筮之法，祈求神明的啟示，謂之稽疑。稽或可解釋為，遵循神明的法式行事。

　　據此「知此兩者亦稽式」也可以註解為：知道這兩種治國方式的結果，有如卜筮得到神明指示一般，據此制定出治國之法則，是謂元德。

第六十六章

【原文】

江海所以能為百谷王者
以其善下之故能為百谷王
是以欲上民必以言下之
欲先民必以身後之
是以聖人處上而民不重
處前而民不害
是以天下樂推而不厭
以其不爭故天下莫能與之爭

【問題討論】

本章並未提出新的觀點，也沒有特別難懂的地方。所談到的問題，在前面眾多章中都討論過，相信你們看到釋義後，應該都能理解，因此不再詳述。目前最流行的就是，凡事都要能和國際接軌，或是能與生活結合。不知你們能不能把這篇文章和國際或生活接軌？

老師，我們還真沒想過這方面的事。還是請老師講吧！

現在就和大家談談老子與國際形勢。中、美兩國同為世界大國，大國猶如大海，願自處於下則遠近諸國皆願來往，世界走向和平安定。若大海居於高地，凡事都奉行美國第一，則世界會變得水患不斷，到處烽火燎原，永無安寧之日。

本章主旨可以用大家都知道的一句話來結尾：滿招損，謙受益。

第六十六章釋義　不爭之德（一）

江海所以能為百谷王者，

江海之所以能成為百谷之王，

以其善下之，故能為百谷王。

是因為江海願處於低下之處，故能吸納百川，成為百谷之王。

是以欲上民，必以言下之。

　　因此欲為萬民之上，言語上一定要能做到謙下。（法天）

欲先民，必以身後之。

　　想要為民之表率，必須做到謙讓，不與民爭，以民為先。（法地）

是以聖人處上而民不重，

　　因此聖人雖然居萬民之上，而民眾不會感受到壓力。

處前而民不害。

　　處前而民不覺有所妨害。

是以天下樂推而不厭，

　　因此天下之人都樂於推其為共主，而不會厭棄他。

以其不爭，故天下莫能與之爭。

　　由於不爭，所以天下就沒有人能和他爭。

【要點提示】

　　本章的聖人當指君王或統治者。

第六十七章

天下皆謂我道大似不肖夫唯大故似不肖

若肖久矣其細也夫

我有三寶持而保之

一曰慈二曰儉三曰不敢為天下先

慈故能勇儉故能廣

不敢為天下先故能成器長

今舍慈且勇舍儉且廣舍後且先死矣

夫慈以戰則勝以守則固

天將救之以慈衛之

【問題討論】

本章有三個關鍵字，只要能弄懂了，其他的就容易了。這三個字就是：肖、慈、儉。

「我道大，似不肖」中的「肖」字多注解為像，比較難懂。老師查了字典：「肖」與「消」通，釋散，衰微也。故可以解釋為：我的道大到好像不會消逝。

「我有三寶，持而保之。一曰慈，二曰儉，三曰不敢為天下先。」此三寶即天慈、地儉、人不爭。如天之慈乃人法天之德，無物不覆的表現，無物不覆看似退讓無勇，實乃大勇，故以慈為寶。法地之儉故能無物不載，儉者能自我約束，聽命於天地，易知足能包容故能廣，此乃人能法地無物不載之德，故而寶之。不敢為天下先者乃為而不爭的範例，故亦為人之所寶。如此看來知足、包容與不爭都是天地給我們的不言之教，故當寶之。

第六十七章釋義　天慈地儉人不爭

天下皆謂我道大，似不肖，夫唯大故似不肖。

天下都說，我的道大到好像不會消逝。因為太大，所以像不會消逝。（「肖」與「消」通，釋散，衰微也。）

若肖久矣，其細也夫。

若會消逝，經時歷久它早就變得細小了。

我有三寶，持而保之。

　　我常呵護著我的三件寶。

一曰慈，二曰儉，三曰不敢為天下先。

　　一是慈；二是儉樸；三是不爭，不敢為天下先。

慈故能勇，儉故能廣，

　　慈者能做到無我愛物，故能勇。能儉嗇則無匱乏之慮，故能廣。

不敢為天下先，故能成器長。

　　不敢為天下先，所以能容納百川，成為統領器物之長。

今舍慈且勇，舍儉且廣，舍後且先，死矣！

　　今有勇無慈，舍儉而求廣，勇、廣都成了無根的假象。不知後其身而身先的道理，反而事事爭先。這些都能引向死亡之路。

夫慈以戰則勝，以守則固。

　　戰以慈則得勝，守以慈則得固守。

天將救之，以慈衛之。

　　上天要拯救誰，就會用慈來護衛他。

第六十八章

【原文】

善為士者不武
善戰者不怒
善勝敵者不與
善用人者為之下
是謂不爭之德
是謂用人之力
是謂配天古之極

本章寫得簡明扼要，看看你們能發現什麼。

頭兩句的「武」和「怒」字應該怎麼解釋？

這兩個字王弼解釋得很好：「武尚先陵人也。不怒者後而不先，應而不唱，故不在怒。」

第六十八章釋義　不爭之德（二）

善為士者，不武。

善為將帥者，不會以武欺人。（士亦可指兵士，在車曰士，步曰卒。）

善戰者，不怒。

善於作戰者，不輕易發怒。（王弼注：不怒者後而不先，應而不唱，故不在怒。）

善勝敵者，不與。

善於敗敵制勝者，不與敵方對陣，不與其爭，以退為進。

善用人者，為之下。

善用人者，願為人之下。

是謂不爭之德，

這些都是不爭之德（即不武、不怒、不與、願為人之下）。

是謂用人之力，

這就是藉人之力而為之。

是謂配天古之極。

這就是配合天意，做到古之極則。

第六十九章

用兵有言吾不敢為主而為客
不敢進寸而退尺
是謂行無行攘無臂扔無敵執無兵
禍莫大於輕敵輕敵幾喪吾寶
故抗兵相加哀者勝矣

【問題討論】

老師，「行無行，攘無臂，扔無敵，執無兵」是什麼意思？

這句其實並不難理解，關鍵在本章頭兩句，若這兩句不懂，就無法理解全章。其實本章的最佳注解，就是歷史上最有名的戰役之一，誰知道是哪個戰役？

這還真看不出和哪個著名戰役有關。

那我再問大家一個問題，孫臏的老師是誰？

大家都說鬼谷子是他的老師。

我雖然也不知道誰是他的老師，但我卻知道孫臏最有名的戰役就是完全遵照這一章去執行的。現在你們應該知道是哪一個戰役了吧？

老師講的應該就是馬陵之戰了吧？但我們還是看不出這和馬陵之戰有什麼關係。

剛才你們問「行無行，攘無臂，扔無敵，執無兵」是什麼意思，簡單地說就是兩軍作戰，主攻的軍隊到達前線才發覺對方早就逃跑了，所以才說「行無行，攘無臂，扔無敵，執無兵」，這樣就能懂了吧？

原來就這麼簡單，我們還以為有多難呢！

其實關鍵就在頭兩句：「用兵有言：吾不敢為主，而為客。不敢進寸，而退尺。」讓人直覺上認為主客應該會碰面才對，寸尺的間隔好像也沒有那麼遠，致使大家判斷錯誤。若按照比例來看，對方跑了十公里來攻打我，那我軍不是要退到幾十公里外？

好了，言歸正傳。

西元前三四二年馬陵之戰，孫臏佯裝敗逃，讓龐涓的軍隊乘興而來，卻找不到可以與他們對抗的軍隊，是謂「行無行，攘無臂，扔無敵，執無兵」；孫臏繼而使出「減灶」計，利用龐涓傲慢輕敵、求勝心切之弱點，「禍莫大於輕敵，輕敵幾喪吾寶」，最後大敗龐涓。這也是第六十八章中所謂的「善勝敵者，不與」、「是謂用人之力」的實例。

第六十九章釋義　用兵進退之道

用兵有言：吾不敢為主，而為客。

兵家有句名言：我不敢主動發起戰事，而是被動地參與戰事，也就是人為主，我為客。人為之，我應之。

不敢進寸，而退尺。

不敢爭先躁進，而願謙讓退守。（使來襲者陷入無敵高傲的狀態。）

是謂行無行，攘無臂，扔無敵，執無兵。

這就是所謂的率軍來襲，排開陣式，卻不見對方的行陣。舉臂欲抗卻不見有臂回應，欲扔卻找不到敵人可攻擊，欲執而擒之，卻不見敵兵。

禍莫大於輕敵，輕敵幾喪吾寶。

如此軍隊就會開始輕敵。用兵最大的禍害，莫大於輕

敵，一有輕敵的念頭，幾乎就會喪失我的三寶：慈、儉、不敢為天下先。

故抗兵相加，哀者勝矣。

如果對抗雙方兵力相當，哀兵絕不會輕敵，故能得勝。（王弼注：加者當也。）

【要點提示】

本章就是第六十八章所言「善勝敵者，不與」的實例。

第七十章

【原文】

吾言甚易知甚易行
天下莫能知莫能行
言有宗事有君
夫唯無知是以不我知
知我者希則我者貴
是以聖人被褐懷玉

第七十章釋義　曖曖內含光

吾言甚易知，甚易行。

我所說的道理很容易理解，也很容易實行。

天下莫能知，莫能行。

天下之人多無法理解我的言論，也無法去實行。

言有宗，事有君。

言有所宗，事有所主。

夫唯無知，是以不我知。

由於世人不知道這些道理，所以他們也不理解我。

知我者希，則我者貴。

理解我的人已經很少了，那想效法我的人就更少、更覺可貴了。

是以聖人被褐懷玉。

所以聖人外表穿著粗衣與平民無異，內心所懷則光潔如玉，所謂曖曖內含光。

【要點提示】

這章所提到的聖人就和君王無關，而是指百姓或隱士。

第七十一章

【原文】

知不知上不知知病
夫唯病病是以不病
聖人不病以其病病是以不病

第七十一章釋義　知不知上

知不知上，不知知病。

知道自己之不知者，上。不知道卻自以為知者，病。

夫唯病病，是以不病。

正因為怕得此不知之知的病，是以遠離，故能不病。

聖人不病，以其病病，是以不病。

聖人不會得此病，因為他怕得此病，是以避而遠之，故能不病。

【要點提示】

孔子曰：「知之為知之，不知為不知，是知也。」

這章所提到的聖人也和君王無關，而是指知道自己之不知的人。

第七十二章

【原文】

民不畏威則大威至
無狎其所居無厭其所生
夫唯不厭是以不厭
是以聖人自知不自見
自愛不自貴
故去彼取此

第七十二章釋義　自知自愛

民不畏威，則大威至。

　　人民不害怕威儡，那更大的威儡、暴亂就會隨之而至。

無狎其所居，無厭其所生。

　　不去打擾百姓的居處，也不厭棄百姓喜歡的生活方式。

夫唯不厭，是以不厭。

　　因為不厭棄民之所願，因此人民也不會厭棄他。

是以聖人自知，不自見。

　　所以聖人有此自知之明，知者不言，不求標新立異展現其所能。（即和光）

自愛，不自貴。

　　能潔身自愛，不自以為了不起。（即同塵）

故去彼取此。

　　所以當遠離自現、自貴，回到自知、自愛。

【要點提示】

　　這章所提到的聖人就和統治者有關。

聖人自知，不自見：自知可分為兩種，一種是對人，一種是對物。

對人者謂知人之智，知道自己應守的分寸，故能不自現。

對物者謂自知之明，則不受此限，享有思想上的絕對自由，遵行知者不言的教誨。

本章是指與人交往。

第七十三章

勇於敢則殺勇於不敢則活

此兩者或利或害

天之所惡孰知其故

是以聖人猶難之

天之道不爭而善勝

不言而善應

不召而自來

繹然而善謀

天網恢恢疏而不失

第七十三章釋義　不爭而善勝

勇於敢則殺，勇於不敢則活。

　　勇於剛強敢表現之人會被殺，勇於柔弱不敢表現之人，則得以保全性命。

此兩者或利或害，

　　這兩種都是勇敢的表現，剛強或柔弱，哪種較為有利或有害？

天之所惡，孰知其故？

　　天之所惡，誰能知其緣故？

是以聖人猶難之。

　　所以連聖人也覺得很難去解說。

天之道不爭而善勝，

　　天之道唯不爭，故天下莫能與之爭，故常得勝。

不言而善應，

　　天不言，四時俱應，萬物作焉。

　　（王弼：不言而善應者，因其知順則吉、逆則凶的道理，故善應。）

不召而自來，

能外其身、處下，則萬物不招而自來。

繟然而善謀。

天道寬博，但自有其深謀遠慮。（繟，即寬。）

天網恢恢，疏而不失。

天網至廣，無所不包，雖然看似很稀疏，但卻絕無失漏。

【要點提示】

聖人之難在於無法識得天之所惡，但卻知道天之所為，即不爭、不言、不召、繟然而善謀。人雖然無法得知天意，只要能依照天之道去做，就能識得天之所惡。

這章所提到的聖人就是古之聖賢。

第七十四章

【原文】

民不畏死奈何以死懼之
若使民常畏死而為奇者
吾得執而殺之孰敢
常有司殺者殺
夫代司殺者殺是謂代大匠斲
夫代大匠斲者稀有不傷其手矣

第七十四章釋義　人命關天

民不畏死，奈何以死懼之？

人民如果不怕死，想以死來恐嚇，也是沒用的。

若使民常畏死，而為奇者，

如果讓人民常害怕死，只要有人敢標新立異，詭異亂群，

吾得執而殺之，孰敢？

我就把他抓起來殺掉，還有誰再敢？

常有司殺者殺。

常有主管殺戮之大匠主殺。

夫代司殺者殺，是謂代大匠斵。

若有人想代替掌管殺戮者來執行殺，就等於是替大匠鑿木（斵是斫的異體字）。

夫代大匠斵者，希有不傷其手矣！

想替大匠鑿木的人，很少會有不傷到自己手的。

第七十五章

【原文】

民之饑以其上食稅之多是以饑
民之難治以其上之有為是以難治
民之輕死以其上求生之厚是以輕死
夫唯無以生為者是賢於貴生

【問題討論】

這章你們自己看得懂嗎？

看了其他參考資料，應該可以說懂了。

你們一定沒想到這章也是屬於千年難解的一章。關鍵就在最後一句，若這句解不出來，就無法瞭解這章背後隱藏的悲情。

坊間多解釋為：唯有不為生而為者，能恬淡無欲，不去擾民，得享清淨，要比那些貪得無厭、貴生厚養而擾民的有為者強多了。

你們說得沒錯！老師開始也沒看出其關鍵之旨意，也把無以生為者和貴生者作比較，故而注解多偏向清靜無為的道家旨意。後來從寫作的方式中我瞭解到其奧妙之處。前三句都是為鋪墊第四句而寫，因此不應當僅和貴生這一句相比，而應配合全章來看，從而發現了這個秘密。

請看這裡描寫的三種民眾的生活情景：饑民、難治之民和輕死之民，並說明其緣由。由此可以看出百姓生活在水深火熱之中，已經到了「無以生」的地步，就是說快要活不下去了，官逼民反才會如此，故曰：「無以生為者，是賢於貴生。」意思就是說饑民、難治之民和輕死之民的所作所為，都比那些食稅、有為、求生之厚的居上位者更可貴。

慚愧！慚愧！誤解老子到了這個地步！謝謝老師！

第七十五章釋義　無以生而為

民之饑，以其上食稅之多，是以饑。

民眾會饑餓，是因為主政者徵稅過多，所以會鬧饑荒。

民之難治，以其上之有為，是以難治。

人民難以治理，因為主政者實行有為而治，所以難治。

民之輕死，以其上求生之厚，是以輕死。

民之所以會輕視死亡，是因為主政者奢華無度，敗壞風氣，致使民眾輕視死亡。

夫唯無以生為者，是賢於貴生。

民眾因為活不下去而被迫做出的行為，要比那些貪得無厭、貴生厚養而擾民者強多了。

【要點提示】

「民之輕死，以其（上）求生之厚。」經查王弼原本並沒有上字，是後人加入的。我所用的臺灣中華書局本也加入了（上）字。現據王弼原稿注釋如下，供大家比較參考：

民之輕死，以其求生之厚。

百姓之所以會為求能過更好的生活而輕死，就是被官方

繁瑣的法令和過多的賦稅，逼得無路可走，若想活下去就非得起義不可，即使犧牲自己的性命也在所不惜。

第七十六章

【原文】

人之生也柔弱其死也堅強
萬物草木之生也柔脆其死也枯槁
故堅強者死之徒柔弱者生之徒
是以兵強則不勝木強則兵
強大處下柔弱處上

第七十六章釋義　柔弱生之徒

人之生也柔弱，其死也堅強。

人在活著的時候身體柔軟，死後則變得僵硬。

萬物草木之生也柔脆，其死也枯槁。

萬物草木活著的時候也是柔軟脆弱，死時也變得枯槁。

故堅強者死之徒，柔弱者生之徒。

故堅強剛硬者是走向死亡之輩，柔弱者才是得以存活之人。

是以兵強則不勝，木強則兵。

所以強兵自以為天下無敵，容易輕敵，反而不能取勝。強壯的樹木則易招致砍伐。

強大處下，柔弱處上。

強而大的事物多處於下，柔而弱的則居於上。

第七十七章

【原文】

天之道其猶張弓與
高者抑之下者舉之
有餘者損之不足者補之
天之道損有餘而補不足
人之道則不然損不足以奉有餘
孰能有餘以奉天下唯有道者
是以聖人為而不恃功成而不處其不欲見賢

【問題討論】

前面好幾章都沒有和大家討論問題，最主要的原因是我們已經快把《道德經》讀完，關鍵的道家思想也都和大家討論過了。越到後面，重複出現的概率就越多。雖然老子依然妙語如珠，所舉出的例子依然那麼生動，但從思想內涵來看多為重複，所以沒和大家討論。這章又出現了一個有趣的例子，是與當時生活有關，但因為科技發達改變了我們的生活，致使後人誤解了前人，所以老師才提出來和大家討論。

這個例子就是射箭。古時男人多會射箭，「六藝」中也有射箭，可見其重要性。誰知道張弓和開弓有何不同？

古人生活中離不開弓箭，而我們生活中幾乎看不到弓箭了。張弓和開弓應該一樣吧，就是把弓拉開，準備射箭。

可以這麼說。那「高者抑之，下者舉之」怎麼解釋？

既然講射箭，想往高處射時，例如想射樹上的鳥，就必須弓把朝上，弓弦往下拉。若目標在下則弓把朝下，弓弦往上拉。

答對了！嚴格點講也不對！《說文》：「張：施弦于弓曰張。」坊間版本多據此而將張弓翻成為弓上弦。這麼一來「高者抑之，下者舉之」就要從為弓上弦的方向去思考。就注解為：「弦位高了，就把它壓低。弦位低了，就把它升高。」這樣解釋懂了嗎？

我們還真沒有看過，弓弦是怎麼上的，弦位是指什麼，所以無法判斷。

估計許多專家學者也都沒接觸過弓，因此只能依據書本

來注解。當我發現這個問題時,就查王弼是怎麼注解的。

　　一查才發覺他這段根本沒有解釋,這時才恍然大悟,漢朝時弓箭是生活必需品,不必解釋都能看得懂。由於老師習武,也略使用過弓箭,卻不懂什麼是弦位。因此再去查《說文》。《說文》:「張:施弦於弓曰張。」如此看來學者專家都沒有注解錯誤。於是再繼續查找,查到引弓,《說文》:「引:開弓也。施弦于弓曰張,鉤弦使滿以竟矢之長亦曰張。」總算找到了張弓並非只有施弦於弓的意思,也有開弓的意思。因此我把「高者抑之,下者舉之」照著開弓的意思注解為:想要往高處射時,必須弓把朝上弓弦往下拉;想要往低處射時,必須弓把朝下弓弦往上拉才行。

　　第一個問題解決後,又出現了第二個問題:「有餘者損之,不足者補之」和張弓有何關係?你們怎麼看?

　　目標近時弓弦就少拉些,遠時就多出些力來拉。

　　這就答錯了!就是因為你們沒使用過弓箭。無論目標遠近,弓都張得同樣開,正如使用手槍一樣,無論遠近所爆發出的火力完全一樣,絕不會因距離不同而發出不同的火力,否則彈道就無法控制,除非更換槍支和彈藥。弓箭的射程遠近,在製作弓時就已確定,製成後,即使想射更遠些,都無法辦到,必須換更強的弓才行。

　　原來是這麼回事!那該怎麼解?

　　這個問題我查過不少資料,也想了很久,都找不到適當的解釋。於是試著重新斷句,最後終於讓我找到答案,就是「天之道其猶張弓與」的那個「與」字。

　　「與」字不就是個語氣助詞嗎?

　　它是可以當語氣助詞,但在這裡卻不是。請看老師的斷

句方式：「天之道其猶張弓，與。」如此一來「與」字就是施與或與人交往的意思，而不是語氣助詞。

何以證明？

第八章有「與善仁，言善信」，第六十八章有「善勝敵者，不與」這兩處之「與」字就是施與或與人交往的意思。如此則可以和下文「有餘者損之，不足者補之」相承接。

謝謝老師的精彩分析！

第七十七章釋義　天人之道

天之道其猶張弓，與。

天之道猶如開弓射箭、與人交往的道理一樣。

高者抑之，下者舉之。

想要往高處射時，必須弓把朝上弓弦往下拉；想要往低處射時，必須弓把朝下弓弦往上拉。

有餘者損之，不足者補之。

與人交往的原則是誰多了就當減損，誰不夠就當得到補助。

天之道損有餘而補不足。

天道也是同樣的道理，有餘者受到削減，以彌補救助不足者。

人之道則不然，損不足以奉有餘。

人之道則不同，正好相反，剝削那些連自給都不足者，來侍奉那些富而有餘者。

孰能有餘以奉天下？唯有道者。

誰能把多餘的捐贈給天下？只有那些有道之士。

是以聖人為而不恃，功成而不處，其不欲見賢。

因此聖人為而不自恃其能，功成事就而不居其功，主要是因為不想彰顯其賢能以均天下。

【要點提示】

最後提到道者與聖人的不同之處。

「孰能有餘以奉天下？唯有道者。」這句話承接前文，連成一氣。但下一句似乎與前文毫無關聯：「是以聖人為而不恃，功成而不處，其不欲見賢。」應該說本章是在描述道者，而非聖人。既然文中提到聖人，那就也將此列為聖人的要點之一：聖人是指能做到為而不恃，功成而不處，且不希望彰顯其賢能的人。

第七十八章

天下莫柔弱於水
而攻堅強者莫之能勝以其無以易之
弱之勝強柔之勝剛
天下莫不知莫能行
是以聖人云受國之垢是謂社稷主
受國不祥是為天下王
正言若反

【問題討論】

老師，請您解釋一下最後那兩句。

「是以聖人云：受國之垢，是謂社稷主。受國不祥，是為天下王。」老子先感慨，大家都知道弱能勝強，柔能勝剛，卻無人願意這麼做。「是以聖人云：受國之垢，是謂社稷主。」誰能受國之垢他就能成為社稷主，國之垢一定是很大的事，此事非得法水之柔，地之能載，方能奏效。這類事情多和地有關，所謂後其身而身先，始能成為社稷主。

「受國不祥，是為天下王」多與天有關，故應法天之外其身而身存，以弱勝強，來承受國之不祥，方能王天下。

第七十八章釋義　正言若反

天下莫柔弱於水，
天下沒有比水更柔弱的東西。

而攻堅強者，莫之能勝，以其無以易之。
但若想攻克最堅強的東西，沒有能勝過水的，因為水之柔弱，無物可以替代。

弱之勝強，柔之勝剛。
弱能勝強，柔能克剛。

天下莫不知，莫能行。

　　天下都知道這個道理，卻都無法做到。

是以聖人云：受國之垢，是謂社稷主。

　　因而聖人說：誰能承受國之屈辱（處下如土，守辱則榮），誰就能成為社稷主。

受國不祥，是為天下王。

　　誰能承受國之災難，以弱勝強，誰就能成為天下之王。

正言若反。

　　自處於反，則適得其正，看似相反的理論，實為正確之言。

【要點提示】

　　「受國之垢」與「受國不祥」就是國家有難，誰能擔起大任，克服困難，誰就能成為社稷主或天下王。用現代話講就是「時勢造英雄」的意思。

　　這章所提到的聖人就是古之聖賢或君王。

第七十九章

和大怨必有餘怨
安可以為善
是以聖人執左契而不責於人
有德司契無德司徹
天道無親常與善人

【問題討論】

要想瞭解本章，一定要先知道古時的習俗。

古人契約以右為尊，左為卑。右契可以索取，左契待合而已。

「天道無親，常與善人」是本章最重要的理念。周武王伐紂時，遇到的最大的難題就是，如何才能推翻君權神授，「家天下」的法統地位。如果紂王是「天」的兒子，那姬姓絕不能篡位，只能由殷紂王的家族來繼承，否則就是逆天行事。為了打破這種觀念，就提出一個具有革命性的理論，即「皇天無親，惟德是親」，此處之親指的是親屬或親近。故而亦可以解釋為：老天沒有親戚，常把權力交給有德之人。

第七十九章釋義　天道常與善人

和大怨，必有餘怨，安可以為善？

大怨經調停和解後，雖然解決了大問題，但心中一定還存有一些不滿，怎麼可以說是好的解決方法呢？

是以聖人執左契，而不責於人。

因此聖人執左契，不向他人索取，也不責備他人，以防怨尤發生。

（古人契約以右為尊，左為卑。右契可以索取，左契待合而已。）

有德司契，無德司徹。

　　有德之人善司左契，借貸與人，而不索取。無德之人猶如稅吏，只取而不施與。

天道無親，常與善人。

　　天道不會特別親近誰，常與有德之人同在。

　　（老天沒有親戚，常以善人為親。）

【要點提示】

　　這章所提到的聖人可說是善人，或是能做到損有餘而補不足的有德之人。

第八十章

【原文】

小國寡民

使有什伯之器而不用

使民重死而不遠徙

雖有舟輿無所乘之

雖有甲兵無所陳之

使人復結繩而用之

甘其食美其服安其居樂其俗

鄰國相望雞犬之聲相聞

民至老死不相往來

第八十章釋義　理想國度

小國寡民，

「理想的國度」應是民眾不多的小國。

使有什伯之器而不用。

即使有重兵器也無所可用。

（古軍法以百人為伯。什伯之器意指要眾多人方能使用
的重兵器。）

使民重死而不遠徙，

使民眾重視寧死也不願遷徙他鄉的理念，

雖有舟輿無所乘之。

即使有船隻和車輛也派不上用場。

雖有甲兵無所陳之。

雖然有軍隊卻沒機會列陣使用。

使人復結繩而用之。

使人民又回到結繩而治、清心寡欲的時代。

甘其食，美其服，安其居，樂其俗。

人民能清心寡欲，粗食亦能變得甘甜，敝衣變為美服，
民各安得其居，樂享其俗。

鄰國相望，雞犬之聲相聞，

可以看見鄰近的國家，也能聽到各處雞鳴狗吠之聲，

民至老死，不相往來。

直到老死，民眾也不互相往來。

第八十一章

【原文】

信言不美美言不信
善者不辯辯者不善
知者不博博者不知
聖人不積既以為人己愈有
既以與人己愈多
天之道利而不害
聖人之道為而不爭

【問題討論】

經過了老子的磨煉，相信看了這些句子，一定都會懂了。

老師，「信言不美，美言不信」和第五十六章「知者不言言者不知」的句法很像，但老子的解說往往都是出人意料。這句是否可以解釋為：信實之言多不美，美好言辭多不信實。或者老子想的又和我們想的不一樣？

這個問題也困擾我很久。因為在第十七章和第二十三章講到「信不足焉，有不信焉」時，老師將其解釋為信是一種約定，那就讓我們試試從這個角度來注解：

信為一種約定，乃有所為而言故不美。老子的哲理無為、無爭、無欲都稱得上美言，但卻很少人相信。難怪老子在第七十章寫道：「吾言甚易知，甚易行。天下莫能知，莫能行。」

這個回答真有意思！又和我們想的不一樣。最後一句好奇怪！老子不是叫我們要「無為」嗎？怎麼最後又要我們「有為」呢？這是什麼意思？

這個問題問得很好！老子以「聖人之道為而不爭」作為下篇《德經》的結尾。奇怪的是，無論《道經》或《德經》多在講無為，最後卻以有為來收場。既然到了最後，那就做個綜合講解。一般多把無為當作什麼都不做，例如月亮。事實上還有一種有為也被列入無為，例如太陽，它始終在釋放熱能，它不能不釋放，這是它的本性，雖是有為卻也是無為。據此觀之，不論有為或無為，只要能順其本性自然發揮都是無為，這也可以說是無為積極與消極的陰陽兩面，這一

點一定要留意。老子並不反對有為，例如生而不有，為而不恃，兩者都屬於有為，關鍵是要能做到為而不爭。

老子認為，若一人獨居，自然沒有「為」或「無為」的問題發生。但若不是獨居，而是生活在群體中，有時還是要有為，這時就要能做到為而不爭，其方法就是「人之所畏不可不畏」，也就是不爭。挫己之銳，解人之紛，和光同塵，與天地同行，這些都是老子教我們的為人處世之道。總之能做到無為最好，真無法做到時，老子也建議可以有為，但一定要做到「為而不爭」。（參閱總論三）

讀完《道德經》不知大家有何感想？

老師，好奇怪！讀完《論語》，內心能知道今後人生努力的方向。讀完《道德經》，卻有一種空的感覺，但卻沒有茫然失落之情，反而覺得內心非常平靜。

對了！這就叫作心靈淨化，是一種很難得的經歷，也是心靈層次的提升。回想一下你們已經走過的人生，能有幾次這種空靈滿足的感覺？這正代表道已經進入你們的心中，開始紮根，新的生命即將到來。願道能成為大家的心靈導師，共同寫出屬於你們自己的「無字天書」。

第八十一章釋義　為而不爭

信言不美，美言不信。

信為一種約定，乃有所為而言故不美。老子的哲理稱得上美言，但卻很少人相信。（道家說法。）

信實之言多不美，美好之言辭多不信實。（現實生活的體驗。）

善者不辯，辯者不善。

辯者爭也。善人不爭故不辯，喜歡辯論的人，多為不善之人。

知者不博，博者不知。

自知者之知源自內心，為其所特有，故專而不博。（有自己的創見。）

博學之知多為分別意識或知人之智，非出於內心自得之知，故曰不知。（沒有自己的創見。）

聖人不積，既以為人己愈有。

聖人不積存財貨，己愈為人己愈有。

既以與人己愈多。

將財物分贈與人，自己反而得到更多。

天之道利而不害。

天之道有利於萬物而無害。

聖人之道為而不爭。

聖人之道，順從天意，為而不爭。

【要點提示】

　　開講之初曾和大家說過，老子心目中的聖人究竟是什麼樣的人，留待最後再討論。現在該是揭秘的時候了！

　　「聖人之道為而不爭」正好也是全書的最後一句。請大家回想一下，老子所講的聖人到底是誰？君王、諸侯、隱士、儒家聖人或是尋常百姓？其實老子所期待的聖人和儒家、佛家的聖、佛都是一樣的，都主張人皆可以為聖。只是各家的要求不同罷了。只要能法天地不自生有成者，都是老子心目中的聖人。但是聖人再好也無法替代他們的老師「天地」，因此老子主張絕聖棄智。這並不代表聖人不好，而是要大家向更好的學習，法聖只能算是模仿學習的起步，其最終目標則為法天地而創新。

　　道是一切生命之源頭，也是思想的源頭。任何思想與道家思想結合，都會產生新的生命。儒家與道家結合，產生了宋明理學；佛家與道家結合，誕生了禪宗。試想現代教育與道家結合，將會出現一個什麼樣的新世紀？甚盼！

　　這是老子託付給中華兒女的傳承使命，希望大家能秉持老子的教誨，發揮不言之教的創新精神，美化人生，共同書寫我們這個世代的「天書集解」。

總論

一　老子宇宙論

　　神秘的宇宙是如何形成的，始終是人們想知道的事。不少學者也提出過各種不同的看法。一般在探討宇宙的起源時，多以「無」作為天地之始，有了「無」才會生「有」。故曰：「無極而太極，太極生兩儀，兩儀生四象，四象生八卦。」太極有如第一個細胞，細胞的分裂，正好符合此一規律，由一生二，二生四，四生八。至於如何從無極而太極的具體變化，常略而不言。《道德經》中提到無極，卻未曾言及「太極」等詞句。由此也能看出，老子特別重視無極而太極，由無生有的這個階段，而不是太極生成以後之變化。

　　宇宙雖為無限，但也有其生成的原理原則。老子試著先找出此一宇宙的原理，進而將此法則運用到萬事萬物，從而寫出《道德經》。因此要想瞭解《道德經》，就必須先知道老子的宇宙和生命起源論，否則很難讀懂。首先要確定老子的宇宙論起自何處及其範疇。筆者認為老子主要是在探討生命的起源，而非物質的起源，因此一切從天地尚無生命之時開始。至於無生命之前的天地物質基礎是如何形成的，就不屬於老子探討的範疇了。具體地說，當時的天地有如現今的月球世界。它由月球實體和真空組成，此時都還沒有生命。如

333

何才能讓月球上有生命，正是當今科技界的熱門話題。老子接納天地初始物質就存在的事實，故不去探討其來源，直接探討生命的起源，從而寫出了《道德經》。其範疇僅言及域中四大之事，而不涉及域外之日月星辰。也就是以我們所在的地球為基礎，指出其範圍和生存的法則，域中有四大：道大、天大、地大、王亦大。人法地，地法天，天法道，道法自然。

這句話的意思是說，在某一個區域內包含著四大：道大、天大、地大、王亦大。此王的意思就是代表，地球上一切有生命事物的統治者即人，人類除了能自己繁衍生命外，還能創造有限度的生命。例如吹笛聲響，不吹則不響；風箱不推拉則無風，此皆人所能創造的有限生命。人因為能創造，故亦可曰人亦大。至於「域中」是什麼意思，老子並未明言。僅在下一句提到：「人法地，地法天，天法道，道法自然。」那就由四大變為五大，即人、地、天、道和自然。由此就產生了一個問題，自然到底是什麼？存在於何處？在域中還是在其他地方？

域中有四大，按其分佈的情況大致說來，最外層是保護地球整體的大氣層，再就是空氣，此兩者可以合稱為天。地指的是地上地下的物質世界，就是國人常說的金木水火土「五行」。人代表動物世界，天上飛的，地上地下爬的和水中游的各種動物均屬動物世界。由於人類也能發明創造，故被特別選為動物的代表，也列入四大的範疇。那道是什麼？存在於何處？道就是生命的泉源，地球上的天、地、人都具有生命，因此可以確定，道也在四大之中。

如此看來，自然不在域中而是在域外，那又該如何解釋？那就是說，還有一樣比道更玄的自然存在，它也是道所要效法的，它到底是什麼？就讓我們先來探討地球是如何形成的。

剛開始的地球可能和現在的月球一樣，有天也有地，但此時的天地尚處於地寒凍、天真空的無生命狀態。設想地心內能自己形成核聚變，或是附近有個太陽提供輻射熱源，把地球上的寒冰融化成水。水受太陽之輻射後，形成天和大氣層來保護地球。據此來推測地球上的四大起源：首先是有太陽的輻射穿過真空，來到地球。此處之輻射猶如道，水只是媒介，輔助道形成大氣之天（道生一），天輔助道賦予大地生命（一生二）。道運行於天地之間，地上萬物得以始生（二生三）。萬物自身滋養繁衍，是謂三生萬物。故在第四十二章中提到：「道生一，一生二，二生三，三生萬物。」

道既有可能是種輻射的熱能，那道法自然中的自然，就可順理推出其名為太陽。由於太陽不在地球之內，故未列入域中四大。太陽和道的關係正如道與德的關係一樣。道居於器物之外，一進入器物就叫作德。太陽居於地球之外（域外），得名為太陽，其輻射一經進入地球，就不再叫太陽而叫作道。如此就能分辨域中和自然之不同。域中指的是包含道、天、地、人在內的整個地球，自然則不包括在其內。自然不在域中而在域外。《說文》：「自，始也。」、「然，燒也。」可解釋為：自然就是太初最原始的熱能。太陽之輻射，自有永有，是一個能自然燃燒的物體，始終燃燒不盡，為道所師法。自然處於域外無爭之地，故不與物爭。對待萬

物始終如一，無為、無欲、不爭。生而不有，為而不恃，功成身退，故為道所師法，是域中四大之總源頭，是謂眾妙之門。這個推測正好與古人兩三千年前的說法不謀而合。

至今中國發現最古老的宇宙物質、生命形成的理論，得自考古挖掘出土的兩件道家文物，合稱郭店竹簡，約是兩千三百至三千年前的文物，也是中國目前發現最古老的竹簡書，一為《道德經》，一為《太一生水》，惜未留下作者姓名。《太一生水》竹簡中就記載了古人對宇宙生命起源的看法：

「太一生水。水反輔太一，是以成天。天反輔太一，是以成地。天地復相輔也，是以成神明。神明復相輔也，是以成陰陽。」

「太一生水」之太一可以解釋為道，水則為媒介，故曰生而不曰成。「水反輔太一，是以成天（道生一）。天反輔太一，是以成地（一生二）。天地復相輔也，是以成神明（二生三）。神明復相輔也，是以成陰陽（三生萬物）。」這就是中國出土最古老的宇宙生命起源論，也可看作對老子宇宙論的最佳注解。

最有趣的是兩本竹簡中都避而不用日字，而分別用自然和太一來代替眾妙之門太陽。從考古發掘中，我發現了一個特別有意思的圖片（見下頁圖）。這幅圖片提供了一個全新的線索：上古之時人類看見天上有兩個大發光體，分別掌管晝夜，名為日月。由於古人尚不知道月亮不會自己發光，而全是靠反射太陽光，因此以為它們都是自己會發光的實體。據此而言，古人認為凡是自己能燃燒發光的物體，都叫自然，故自然者日月是也。從下面這幅最古老的漢字圖案中所

畫出的日、月和光（或是火），這幅圖案不但出土在山東泰安大汶口文化遺址，也在南京，安徽以及良渚文化都有同樣的圖案出現，愚意，這就是古人心目中的自然，是道家的至高信仰，中國信仰的圖騰：道法自然！

莒縣陵陽河遺址出土，大汶口文化晚期大口陶尊刻符（距今約五○○○至四六○○年）莒縣博物館收藏

太一若居於域外是謂太陽，居於域中是謂道，所謂同出而異名。老子心目中的自然，指的是什麼？從這幅圖案來看，應該指的是日月，而不是單指太陽。這就可以說明，為什麼老子用了自然而不用太陽。我們現在知道，月亮不會發

光，而是反射了太陽的光。據此推斷，老子之自然其實指的就是太陽，只是當時不知道，月亮不會發光罷了。更有意思的是，這幅圖案特別表現出中國文化與其他文化不同的地方。例如基督教和伊斯蘭教等都是一神教。也有些民族以太陽或月亮為其唯一真神，當然也有信奉多神教的民族。一神教相信真理，追求唯一，易起紛爭；中國則信奉日月，追求日月同光，天地同和。正是因為中西對自然的認知不同，而形成不同的民族性。以日月為我們的信仰，可能就是國人愛好和平的源頭。

二　老子生命起源論

　　現代科學家多主張宇宙的生成源於大爆炸，故其初始呈現出一片混沌。（參閱第二十五章「有物混成，先天地生」）這種現象老子認為正因天地尚未得一（道），故呈現混沌、裂發現象。（參閱第三十九章「天得一以清，地得一以寧……天無以清將恐裂，地無以寧將恐發」）道運行於此混沌未開之世界，先分化出天地，然後才有生命的誕生。

　　以上談論的可說是宇宙形成的原理原則。根據同樣的道理，老子又提出他對生命起源的看法。其理論的依據如下：

　　道生一，一生二，二生三，三生萬物。萬物負陰而抱陽，沖氣以為和。（參閱第四十二章）

　　道生之，德畜之，物形之，勢成之。（參閱第五十一章）

　　惚兮恍兮其中有象，恍兮惚兮其中有物，窈兮冥兮其中有精，其精甚真，其中有信。（參閱第二十一章）

　　上面已經談到過自然與道的關係。在談生命起源時就必須談到道與德的關係。

　　什麼是道？道為天地之始、天下母，萬物生命之源頭。

　　道以一種類似神靈的方式存在於地球世界中，只要這種靈進入到尚無生命的器物形體內，就能創造出新的生命。道就是萬物生命的泉源，故曰萬物源於道。道常處於盈滿狀態，因其盈滿，故能損有餘而補不足，如此方能化生萬物。

　　「道生一，一生二，二生三，三生萬物。萬物負陰而抱陽，沖氣以為和。」

此理既可從「有」的外在變化來詮釋，也可以從「無」的內在變化來詮釋。前者已經在第四十二章中討論過了，現就談談其內在「無」的演變過程，也就是道如何化生為德，德如何化生為信的全部過程。

　　道生一：道如何化生萬物？道與氣（天）沖合，進入萬物形體內（地），就化生為德。萬物得到了德，就得到了生命。道和德有何不同？道在進入形體之前，可稱為道，但一進入形體之後，就不能再稱為道，而更名為德，故曰：「此兩者同出而異名（參閱第一章）」。道的本質也在此時產生了根本上的變化，從原本具備化生萬物的功能，轉變為畜養萬物，從原本盈滿的狀態轉變為不盈滿，所謂功成身退。故曰：「道生之，德畜之。」此一重大的變化就是整個「道生一」的過程。道生一，此一即為德，德乃是道合天地之大成。

　　一生二：一者德也，二是指德如何在形體內創造出繁衍生命所需要的精子和卵子。老子在二十一章中為我們解說了此一奧秘，並以男性為例，說明德在人體內是如何畜養出精子的，同理可以推知女性卵子是如何形成的。

　　首先是道之為物（即德）進入形體後，仍然處於惟恍惟惚「無」的狀態，接著就出現惚兮恍兮的「象」（德在體內與天象結合而成氣，到處遊走），漸漸形成恍兮惚兮的「物」，此物乃是生命最原始最微妙的雛形，在陽為精，在陰為卵。精（卵）中則含有繁衍生命所需的各種要素。「其精甚真，其中有信」說明此時德已經進入精（卵）中，故而更名為「信」，此「信」即為德之化身。由此可證，一者德

也，二者信也。「一生二」就是指德進入精（卵）中，化為真精（真卵）。

　　道進入實體名之為德，是謂「道生一」。德進入實體（精、卵）名之為信，是謂「一生二」。簡而言之就是道生德，德生信。道、德、信三者皆為「無」，這就是生命起源中「無」的變化，也就是老子的「三位一體論」。

　　二生三：那二又是如何生三的呢？也就是說新的生命是如何產生的。首先要知道，德只能在形體內畜養生命，卻不能在形體內創造生命，因為創造生命是道的責任，與德無關。精卵單獨都無法繁衍後代，唯獨結合在一起才能創造出形體，先決條件是男女合體，這一切都發生在體內而非在體外。當卵與精結為一體時，老子稱其為「負陰而抱陽」。何以言之？卵為周邊實體、為陰，精為陽，陽精被陰卵包在其中，此乃陽背負著陰，陰懷抱著陽，故曰「負陰而抱陽」。

　　受精卵逐漸孕育出胎兒，直到胎兒成熟落地來到人間，德的工作至此告一段落。這時的胎兒僅為形體，尚無生命，接下來就看道是如何創造生命的。若此時道不將德沖入胎兒體內，胎兒就無法存活。若道在此時把德沖入胎兒體內，此即「沖氣以為和」，此時胎兒就轉變成嬰兒，瞬間發出長嘯，宣告「得道了」，新的生命由此誕生！這就是德創造形體與道創造生命的整個過程，也就是說道與德從古至今從來沒有離開過我們，始終與我們和光同塵地生活在一起，更是無休止地在創造萬物。新生命的誕生謂之「二生三」。如此代代相傳，綿延不斷，是謂「三生萬物」。萬物各依其道繁衍生命，生生不息，永無休止，即所謂「勢成之」。

以上就是老子的生命起源論：「道生一，一生二，二生三，三生萬物。萬物負陰而抱陽，沖氣以為和。」生命是如何從無到有、由內向外發展的整個過程。

　　在自然之中，道、德、天、地、人相互作用，從而產生無窮的變化，這就是老子的宇宙生成和生命起源論。其後又規劃出萬物生存的法則：人法地，地法天，天法道，道法自然。這就完成了中國的創世理論。據此法則又為人類提供了具體實踐的方法：法天地不言之教，無為治物，無欲鎮己，無爭處世。這就是《道德經》全書的概要。

三　無為而無不為

　　無為往往被解釋成無所作為，任其自然發揮。可是在《道德經》中經常出現有為的字句，令人無所適從，例如「道生之，德畜之」「生而不有，為而不恃」「為而不爭」等都談到有為，為何老子卻主張無為？讓我們試著從《道德經》中找出老子無為的原始旨意。

　　老子主張人法地，地法天，天法道，道法自然，據此我們可以推知，老子的無為就是以日月為典範歸納出來的行為法則，道天地人和萬物都應當遵循，這個法則老子稱之為自然無為，自然者日月是也，也就是日月無為的意思。那日月如何實現無為？我們可以將其分為兩類：「動的自然無為」和「靜的自然無為」。

　　動的自然無為：

　　例如太陽始終在燃燒自己釋放熱能，它不能不釋放，這是它的自然本性。若反其道而行，突然不燃燒了或爆炸了，那才算是太陽的有為。據此觀之，太陽若不燃燒發光或爆炸了才是太陽的有為，若發光發熱就是太陽的自然無為。依據陽動陰靜的原則，可以將太陽發光發熱的現象稱為「動的自然無為」。這也是為什麼世人常把此誤解成有為的關鍵。

　　靜的自然無為：

　　自然無為的第二個例子就是月亮，由於它自己不會發光，而是藉著太陽的光照，反射出亮光，照亮夜晚，這就是月亮的無為本性。若它有為就會自己燃燒發光，如此一來可

能會危及地上的生命。月亮雖然無為，但其反射的光亮卻成了夜晚的一盞明燈，支配萬物夜晚的生活。就月亮本身而言是無為，但對萬物而言卻是有為，因此月亮所做的一切也可以稱為「靜的自然無為」。這種無為就是世人所瞭解的無為，不容易產生誤解。

瞭解了動與靜的兩種自然無為的定義後，就可以進一步分析何謂無為而無不為。當「動的自然無為」（日）和「靜的自然無為」（月）兩者結合成為一體時，就創造出無為而無不為的理想世界。此即本書的中心思想，也是自然給我們的不言之教。老子在第二十五章中把人也列為四大之一，原因就是人類也能創造出有限的生命，而日月天地則能創造恆久的生命。現列表於後，來闡釋老子無為而無不為的哲理：

動的自然無為＋靜的自然無為＝無為而無不為

日動	月靜	光照世界
天動	地靜	生成萬物

人類依據此理也能創造出有限的生命：

水動	車靜	水車磨坊
風動	車靜	風車磨坊
人動	琴靜	奏出音樂

老子的有為與無為的區別，不能單從字面來分析，而要根據萬物的自然本性和結果來區分。凡能順其本性自然發揮的都可算是無為；反其自然本性之所為，都可稱為有為。有為或無為都只是一種行為方式，其目的是要能做到無為而無不為。因此我們也可以從結果來定義有為與無為的區別：凡

是能做到無為而無不為的行為方式，均可謂之無為；反之，無法達到無為而無不為的行為方式，均可稱為有為。

無為而無不為所談論的多是人與物之間的關係，卻不能完全適用於人際關係，因為人都會有私心，因此老子才提出功成而弗居、為而不爭的解決之道，故曰：「道生之，德畜之……生而不有，為而不恃，長而不宰，是謂元德。」

總而言之，老子贊同動與靜的自然無為，心態要能做到為而不爭，結果要能達到無為而無不為的效果。若能從這幾個觀點來解讀老子的無為，雖不中亦不遠矣！

　　　　　　　　　　　庚子年九月八日得稿於蘭軒

四　老子哲學與教育思想圖

域外

自然日月
玄之又玄眾妙之門

域中

玄

（道德尚未分，故同謂之玄。一進入形體，
形體外之玄名為道，形體內之玄名為德）

道無　　　　德有
（無名天地之始）（有名萬物之母）

天　　　　　地

人

法天地者明　　　法聖賢者智

無為不爭　　　　有為有執

不言之教　　　　聖人之教

走向創新　　　　走向模仿

死後

氣回歸於天　　德回歸於道　　形體回歸於地

圖例

野渡無人舟自橫　作者：李筱孫

　　萬物成形的三個階段是：由無生象，象生形。國畫也據此哲理發展出三個基本要素，即留白、墨趣、書法線條。傳統國畫以線條為主，現代國畫則以墨趣為主。墨趣源自水，老子也讚揚水「幾於道」。水的特性乃遇平則止，不平則流。作畫於平面桌上，容易形成濃墨重彩，厚重線條，這是繪畫的常態，絕大部分的畫家都是如此作畫。

　　國人常以為國畫重視臨摹，不重視創新。蘇東坡為國畫

創新下了一個很好的定義：「反常合道謂之趣。」筱孫先生
深識其理，作畫時將宣紙釘於牆上（反常），水墨自然從上
而下滲化（合道），從而形成其特有的清韻風采與輕盈線
條，展現出一派道家的飄逸情趣。

霜葉紅於二月花　作者：李筱孫

畫論中常提到筆外之筆、意外之意、筆愈簡氣愈壯等術語，這幅畫就是最好的例子。兩千年竹橋書苑邀請李筱孫先生來德國舉辦個人畫展。我問他，為何在畫中畫了一隻老虎？他說，山水畫怎麼會有老虎。我就從河右邊的陰影開始，往左延伸到站立之人處，勾畫出虎背。然後順著霜葉攀升，忽見虎脖子扭轉，虎頭往右回看，老虎之口、眼、鼻、耳隱隱出現，一隻活生生的「溪中虎」躍然紙上。畫家也嚇了一跳。我問，能再畫一張嗎？他說：「此乃筆外之筆、意外之意的作品。若有意畫虎，則反類犬矣！」

秋馨　作者：房新泉

　　國畫技法變化多離不開墨趣、書法線條和留白。這幅作品以墨趣為背景，彰顯出秋意；大筆揮灑出書法線條，表達出村舍柵欄；巧妙地利用留白點化出豐盛的生命──兩隻雞；從雞的神態流露出畫之主題──秋馨。德國畫家問，是否在雞四周用防水透明顏料描出外形後才潑墨？畫家說：「那是畫匠所為，不足為道。畫家之道在於得心應手，渾然天成。」

沙鷗閑弄夕陽天　作者：房新泉

　　繪畫可分三個層次：畫不像、畫得像、不畫像。圖中飛舞著數隻鳥，近看方知此鳥非鳥，有眼無頭，翅膀用水墨連成一片無法分辨，到底有幾隻也數不出，唯從其飛舞神態能意識到鳥兒戲耍夕陽的情景，這就叫作「畫意不畫像」。也就是道家的不言之教：「得意則象忘，入理則言息。」

新雨　作者：房新泉

　　一般畫荷葉多為平仰或斜垂，這幅作品一反常理，只畫
了幾片直立的荷葉擋住視線，把所有的目光全部集中到濕潤
的荷葉、荷花和濛濛的細雨上，一支小鳥在荷葉下避雨，共
同沐浴在「新雨」中。

　　感謝胡軒昂先生提供以上這些「反常合道」的情趣作品。

右軍愛鵝　作者：劉國輝　胡瑋琪收藏

　　這幅畫的重點就在表現一個愛字。畫家利用留白的部分，展現出王羲之彎腰向鵝親近的姿態，真可謂「千言萬語盡在留白中」。

濕畫繪製的三個階段：象（左頁上）、顯像（左頁下）、
實景（上圖）　作者：劉壽祥

　　濕畫製作可分為三個階段：一為象，二為顯像，三為實
景（見前三圖）。在第一、二階段最為困難，此時空氣與水
始終在不停地滲化，變化萬千特別迷人，正如張大千先生所
言「筆補造化天無功」。此時一定要上重彩，因為後期作畫
需要經常噴水，越噴色彩越淡。這幅畫共用了三天才完成。

「畫得像」藝術的創新──濕畫法

　　西方繪畫藝術受到照相技術發明的影響，畫家都開始尋
找新的畫法，以往大家都追求畫得像，如今卻崇尚「不畫

像」。當時英國有位大畫家威廉‧騰樂（William Turner），有位評論家問他，如何才能畫出「不畫像」的作品，他提出兩種解決方法：用較厚的紙作畫，然後從畫好的畫上撕去某些部分，使畫面產生煥然一新的效果；另外一種方法是在剛完成一幅水彩畫時，把畫放入水中浸泡後取出，就能產生許多特殊效果，但缺點是不易控制。後來他把濕畫法朦朧的效果繪成油畫，成為印象畫派的先驅，開創西方現代畫之先河，但西方至今也無人能把油畫那種細膩的畫法，運用到濕畫上。

水彩畫中有所謂的乾與濕兩種畫法：乾畫法就是一般常見的水彩畫法，線條造型都容易控制；濕畫法就是在正反面都打濕的紙上作畫，筆墨線條很難掌握。濕畫法與中國意筆水墨畫有許多相似的地方，但也有不同之處。濕畫法有時間上的限制，紙上的水分會被蒸發逐漸乾去，畫紙乾後既不平整又不能滲化，無法產生濕畫的效果，只能作乾筆畫。從濕到乾這一過程，大約二至四小時，全看空氣中所含的水分多寡而定。換句話說，畫家必須要在二至四小時內畫完一幅畫，因此只能畫出類似國畫的寫意畫，卻畫不出油畫那種細膩的效果。

劉壽祥教授曾在湖北美院主修國畫，以優異成績畢業並留校任教。可是當時沒有國畫教師的缺額，僅有水彩畫種，他就開始教授水彩畫。那時他也遇到濕畫法的困擾，但也體會到濕畫法特殊的藝術性，唯一的缺陷就是水分乾得太快。為解決此一難題，他把國畫裝裱的方法與濕畫結合，先把畫紙全打濕後開始作畫，依據紙的濕潤情況適時噴水，延長作畫的時間。但到了晚上沒人噴水，紙會變得乾、皺，他就在

畫的周邊貼上膠紙，把畫固定在木板上。如此一來畫不但不變形反而更平整，等下次作畫時，重新噴濕就能繼續畫。如此一來隨時可以作畫，不再受時間的約束，克服了濕畫法最大的瓶頸，他由此畫出那特有的濕潤與細膩的效果，創造出世界上獨一無二的劉氏微粒濕畫法。特別選出兩幅他來德國寫生時的作品，供大家欣賞。（見358、359頁）

初看他的作品，無論天空、地面和古建築都由微小的顆粒所組成，大概是用噴槍畫的，算不了什麼。直到一九九五年我們邀請他來德國時，才發現其中的奧妙。來德國後的第一個星期，畫一張就撕一張。我問：「為何要撕？」他說：「德國冬天都開暖氣，空氣特別乾燥，那些微粒畫不出來。」這時我才知道，看似簡單的微粒，卻是畫家與空氣、顏料、畫紙、噴水和時間競賽的創新紀錄，微粒就成了他獨創的濕畫風格。

自照相技術發明後，西方傳統繪畫就處於停滯狀態，要想在「畫得像」領域中再跨出一步猶如登天。如今劉壽祥教授結合中西繪畫藝術之長，創造出微粒濕畫法，把濕畫藝術推向高峰，為世界水彩畫奠定新的里程碑，值得載入史冊。

斜陽　微粒濕畫法 90×67cm　作者：劉壽祥

古鎮口　微粒濕畫法 90×67cm　作者：劉壽祥

慈母
Carla Wiechert・Steenberg（史玉山）
作者：柳毅

　　好的人像作品很多，但能畫到如此氣韻生動的境界卻不容易。畫家未打底稿，直接用寬筆在兩小時內完成了這幅「筆愈簡，氣愈壯」的濕畫作品。

為紀念四十年來和母親在海外宣揚中華文化
特將其所寫的小詩翻譯成中文永誌懷念

Du kannst tausend Li wandern,
ohne einen Stern zu sehen.
Am Morgen jedoch vor deiner Tür,
in jedem Tautropfen eine ganze Sonne finden.

Carla Wiebert-Sterby

追星圓夢
夢醒星滅
萬千露珠
萬千朝陽

代曦譯

文化生活叢書 1300015

開天闢地——老子

編 著 者	代　曦	
責任編輯	陳宛妤	
特約校稿	陳相誼	
發 行 人	林慶彰	
總 經 理	梁錦興	
總 編 輯	張晏瑞	

編 輯 所　萬卷樓圖書(股)公司
臺北市羅斯福路二段 41 號 6 樓之 3
電話 (02)23216565
傳真 (02)23218698

發　　行　萬卷樓圖書(股)公司
臺北市羅斯福路二段 41 號 6 樓之 3
電話 (02)23216565
傳真 (02)23218698
電郵 SERVICE@WANJUAN.COM.TW
香港經銷
香港聯合書刊物流有限公司
電話 (852)21502100
傳真 (852)23560735

ISBN 978-626-386-030-8
2024 年 1 月初版
定價：新臺幣 520 元

如何購買本書：
1. 劃撥購書，請透過以下帳號
　　帳號：15624015
　　戶名：萬卷樓圖書股份有限公司
2. 轉帳購書，請透過以下帳戶
　　合作金庫銀行 古亭分行
　　戶名：萬卷樓圖書股份有限公司
　　帳號：0877717092596
3. 網路購書，請透過萬卷樓網站
　　網址 WWW.WANJUAN.COM.TW
大量購書，請直接聯繫，將有專人
為您服務。(02)23216565 分機 610

如有缺頁、破損或裝訂錯誤，請寄
回更換

國家圖書館出版品預行編目資料

開天闢地：老子 / 代曦編著. -- 初
版. -- 臺北市 ：萬卷樓圖書股份有限
公司, 2024.01　面 ；　公分. -- (文化
生活叢書 ；1300015)
ISBN 978-626-386-030-8(平裝)
1.CST: 道德經 2.CST: 注釋
121.311　　　　　　　112021858